广东省公路学会团体标准

公路护栏安全性能仿真评价技术规程

Specifications for safety performance simulation evaluation of highway barriers

T/GDHS 001—2020

主编单位:北京华路安交通科技有限公司
广东省高速公路有限公司
山东高速股份有限公司
港珠澳大桥管理局
中交第二公路勘察设计院有限公司
发布机构:广东省公路学会
主编单位:2020 年 09 月 16 日

人民交通出版社
北 京

图书在版编目(CIP)数据

公路护栏安全性能仿真评价技术规程 / 北京华路安交通科技有限公司等主编. — 北京 : 人民交通出版社股份有限公司, 2025. 1. — ISBN 978-7-114-20211-7

Ⅰ. U417. 1-65

中国国家版本馆 CIP 数据核字第 2025BN1284 号

标准类型：团体标准
标准名称：公路护栏安全性能仿真评价技术规程
标准编号：T/GDHS 001—2020
主编单位：北京华路安交通科技有限公司
广东省高速公路有限公司
山东高速股份有限公司
港珠澳大桥管理局
中交第二公路勘察设计院有限公司
责任编辑：朱明周
责任校对：赵媛媛
责任印制：刘高彤
出版发行：人民交通出版社
地　　址：(100011)北京市朝阳区安定门外外馆斜街 3 号
网　　址：http://www.ccpcl.com.cn
销售电话：(010)85285857
总 经 销：人民交通出版社发行部
经　　销：各地新华书店
印　　刷：北京科印技术咨询服务有限公司数码印刷分部
开　　本：880×1230　1/16
印　　张：3. 5
字　　数：102 千
版　　次：2025 年 1 月　第 1 版
印　　次：2026 年 3 月　第 2 次印刷
书　　号：ISBN 978-7-114-20211-7
定　　价：60. 00 元
(有印刷、装订质量问题的图书,由本社负责调换)

目　次

前　言

本文件按照 GDHS-BZBX-01—2021《广东省公路学会标准编写规则》的规定起草。

请注意本文件的某些内容可能涉及专利。本文件的发布机构不承担识别这些专利的责任。

本文件由北京华路安交通科技有限公司提出。

本文件由广东省公路学会归口。

本文件起草单位：北京华路安交通科技有限公司、广东省高速公路有限公司、山东高速股份有限公司、港珠澳大桥管理局、中交第二公路勘察设计研究院有限公司。

主编：闫书明

参加编写人员：鲍钢、刘甲荣、李军、龚帅、郭洪、洪旋、方磊、杨周妮、刘航、邓宝、郑向前、亢寒晶、苏敏、陈亚振、刘思源

主审：雷正保

参加审查人员：陈冠雄、周荣贵、黄成造、唐琤琤、鲁昌河、张钱松、黄晨、汪超、葛书芳、陈贡发、余洪斌、王佳胜、庄明融、彭霞

本文件为首次发布。

引　言

公路护栏作为一种被动防护设施,合理的设计可以有效保障公路的安全运营水平。2013 年 10 月 31 日,交通运输部发布了《公路护栏安全性能评价标准》(JTG B05-01—2013),规定采用实车足尺碰撞试验评价公路护栏的安全性能;2017 年 11 月,交通运输部发布了《公路交通安全设施设计规范》(JTG D81—2017)和《公路交通安全设施设计细则》(JTG/T D81—2017),对公路护栏的设计要求进行了规定。目前,设计人员主要依据以上标准和规范进行公路护栏设计,但是很难规避以下几种情况:结构参数均满足设计规范和设计细则但未经碰撞分析其阻挡、缓冲、导向功能的结构,或通过实车足尺碰撞试验验证但需要结合工程实际进行相应调整的结构,这两种结构宜做进一步结构安全性能评价,但采用实车足尺碰撞试验费用高、周期长,甚至影响工程进度;护栏在实际工程的设置条件与试验场的设置条件有较大差别,如实际中的长下坡、隧道、桥墩和连续弯道等复杂条件,在实车足尺碰撞试验中难以全面考虑护栏的公路适应性能;实际公路的运营车辆与试验检测车辆差别较大,如实际中的车辆载有乘员且车型多样等复杂条件,在实车足尺碰撞试验中亦难以全面考虑护栏的车辆乘员适应性能。仿真技术方法具有可模拟实际复杂的公路护栏设置条件和多种车型的优势,2011 年 11 月 8 日,欧洲标准委员会(CEN)发布了 *Road Restraint Systems—Guidelines for Computational Mechanics of Crash Testing Against Vehicle Restraint System* (CEN/TR 16303:2012),将仿真技术方法作为与实车足尺碰撞试验并列的公路护栏安全性能评价方法,对于本文件的编制具有直接指导作用。采用计算机仿真技术评价公路护栏安全性能具有优势,但是需要进行规范以保证其准确性和可靠性。为了规范公路护栏安全性能仿真评价技术方法,使公路护栏安全性能评价更加结合实际、科学合理,有必要制定本文件。

本文件总结了我国近年来公路护栏安全性能仿真评价方面的成果和经验,吸收、借鉴了发达国家的公路护栏安全性能仿真评价经验与标准规范,对关键技术问题开展了研究,并广泛征求了交通运输行业公路建设与运营管理单位以及公路设计、科研单位的意见,经反复讨论、修改和试评价,最后经审查定稿。

本文件附录 B 中的"建模技术与验证测试方法"参考了欧洲标准委员会发布的 *Road Restraint Systems—Guidelines for Computational Mechanics of Crash Testing Against Vehicle Restraint System*(CEN/TR 16303:2012),该部分内容借鉴了国外的建模技术与验证测试方法,同时结合我国公路护栏现状、公路设置条件和交通特征,总结、归纳、提炼国内仿真技术方面的成果与经验编制而成。

请各有关单位在执行本文件过程中将发现的问题和意见及时反馈至北京华路安交通科技有限公司(地址:北京市丰台区富丰路 2 号星火科技大厦,邮政编码:100070),以便修订时研用。

公路护栏安全性能仿真评价技术规程

1 范围

本文件规定了公路护栏安全性能仿真评价的内容及方法、模型与验证、结构安全性能仿真评价、公路适应性能仿真评价和车辆乘员适应性能仿真评价，并给出了相应验证报告和评价报告的样式及提纲。

本文件适用于公路护栏安全性能仿真评价，也可应用于和护栏相关的事故后评价。

2 规范性引用文件

下列文件中的内容通过文中的规范性引用而构成本文件必不可少的条款。其中，注日期的引用文件，仅该日期对应的版本适用于本文件；不注日期的引用文件，其最新版本（包括所有的修改单）适用于本文件。

JTG B05-01　公路护栏安全性能评价标准

3 术语和定义

本文件没有需要界定的术语和定义。

4 评价内容

本文件评价内容包括护栏的结构安全性能仿真评价、公路适应性能仿真评价和车辆乘员适应性能仿真评价。各项评价的具体内容如下：

——结构安全性能仿真评价：按《公路护栏安全性能评价标准》（JTG B05-01）对公路护栏安全性能评价指标及碰撞条件的要求，采用仿真技术方法评价公路护栏结构是否达到相应防护等级；

——公路适应性能仿真评价：结合与公路护栏设置相关的公路其他沿线设施及交通工程条件，参照《公路护栏安全性能评价标准》（JTG B05-01）对公路护栏安全性能评价指标及碰撞条件的要求，采用仿真技术方法进行模拟计算，将计算结果与结构安全性能仿真评价结果进行对比，同时考虑对公路沿线设施的影响程度，评价护栏的安全性；

——车辆乘员适应性能仿真评价：选取多种车型，参照《公路护栏安全性能评价标准》（JTG B05-01）对公路护栏阻挡和导向功能指标的要求及《汽车正面碰撞的乘员保护》（GB 11551）对假人性能指标的要求，采用仿真技术方法进行模拟计算，评价护栏的安全性。

5 评价方法

公路护栏安全性能可采用基于有限元方法的仿真技术进行评价。公路护栏的安全性能主要通过护栏对车辆的阻挡、导向和缓冲功能来体现，车辆碰撞护栏是复杂的物理过程。基于有限元方法的计算机仿真技术可以解决高度非线性碰撞问题，是进行公路护栏安全性能评价的先进方法。

本文件的公路护栏安全性能仿真评价包括结构安全性能仿真评价、公路适应性能仿真评价和车辆乘员适应性能仿真评价三部分，其中公路适应性能仿真评价和车辆乘员适应性能仿真评价宜在结构安全性能仿真评价合格后进行。评价流程见图 1。

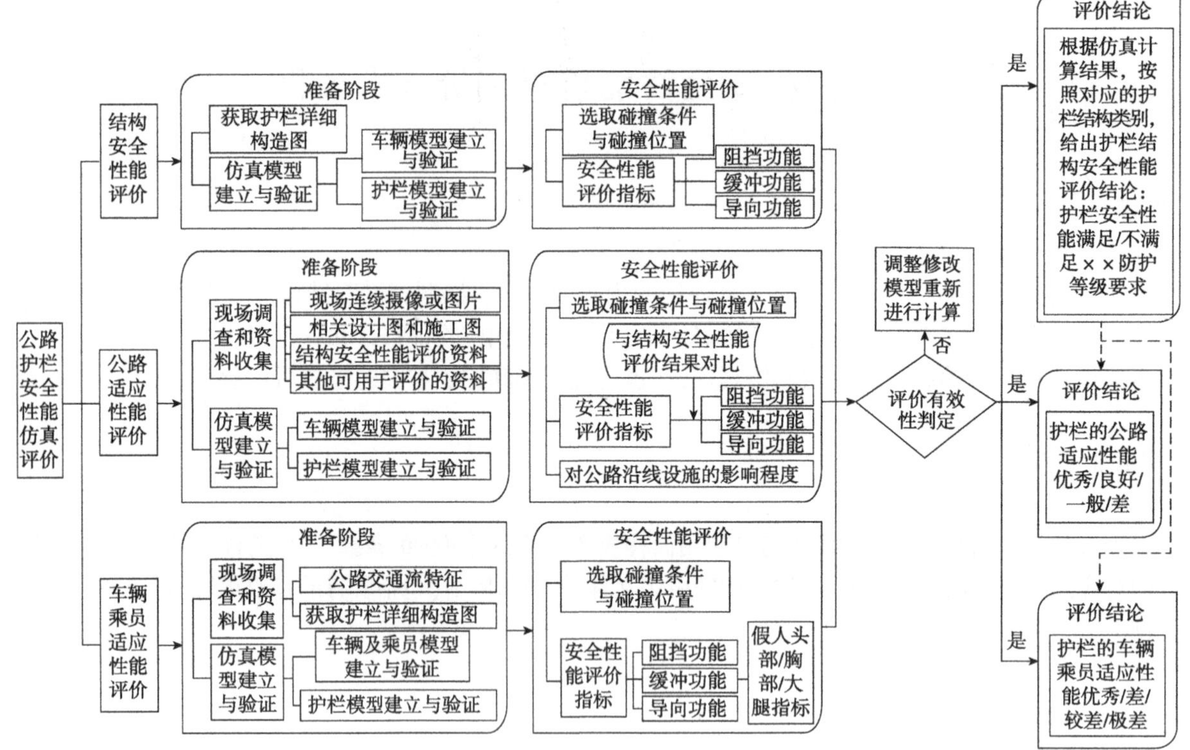

图1　评价流程

6　模型与验证

6.1　仿真模拟软件

仿真模拟软件应符合附录A的规定。

6.2　模型建立

6.2.1　车辆建模要求

车辆建模应符合下列要求：

a）车辆模型的重要结构包括车身、车轮、碰撞接触区域等，应采用有限元方法进行建模；车辆模型的简化部件包括发动机、悬架系统和转向系统等，宜采用具有惯性特性或功能特性的质量点或刚体表示；

b）车辆模型应具有真实的运动性能和准确的几何形状；

c）车辆模型坐标系应为：车辆长度方向为 X 轴，车辆宽度方向为 Y 轴，车辆高度方向为 Z 轴，该坐标系遵守右手定则；

d）应建立的车辆部件模型以及建模技术，应符合附录B.1.1～附录B.1.10的规定；

e）应采用模块化结构建立车辆模型，模块化模型建立规则应符合附录B.1.3的规定；

f）车辆模型材料应符合附录B.1.4的规定；

g）车辆模型网格应符合附录B.1.5～附录B.1.9的规定。

条文说明

车辆乘员需采用混合Ⅲ型50百分位假人或具有相同功能的假人模型；约束系统如座椅、安全带、仪表内饰等需参考附录B.1的要求进行建模。

车辆主要技术参数见附录C。

6.2.2 护栏建模要求

护栏建模应符合下列要求：

a） 护栏模型应按照护栏结构与工况条件进行建模，包含重要部件、部件连接、边界条件；

b） 护栏模型使用的材料应与测试样品的材料一致；

c） 护栏模型网格参数选取应合理，符合附录 B.2.2～附录 B.2.4 的规定；

d） 护栏模型应使用与车辆模型统一的坐标系。

条文说明

不同护栏的重要部件有所不同，如缆索护栏重要部件有立柱、托架、缆索等，波形梁护栏重要部件有梁板、立柱、防阻块（托架）等，金属梁柱式护栏重要部件有横梁内外套管、立柱等，混凝土护栏重要部件有混凝土墙体和配筋等。护栏某些结构可作适当简化，例如采用梁单元代替实体螺栓建模。

6.3 模型验证

6.3.1 车辆模型应通过必要的零部件测试和整车测试来验证模型的准确性与稳定性。零部件测试应包含悬架负载测试，整车测试应包含线形轨迹测试、环形轨迹测试、过减速带测试和整车碰撞刚性墙测试，所有测试应提供的结果见表 1，测试方法应符合附录 B.3 的规定。

表 1 车辆模型测试及结果

序号	测试类型	测试目的	提供结果
1	悬架负载测试：每个车轮单独施加载荷	验证悬架的运动特性	显示悬架运动的动画。载荷传递至车轮的载荷-位移曲线。车轮轮心位移随时间变化的曲线
2	悬架负载测试：前悬车轮和后悬车轮分别施加对称载荷		
3	悬架负载测试：前悬车轮和后悬车轮分别施加非对称载荷		
4	线形轨迹测试	验证车辆整体、转向系统和悬架系统的稳定性	加速度随时间变化曲线。动能和总能量随时间变化曲线
5	环形轨迹测试		
6	过减速带测试：前悬车轮	验证悬架系统的稳定性及车轮对小冲击的响应	加速度随时间变化曲线。动能和总能量随时间变化曲线
7	过减速带测试：后悬车轮		
8	过减速带测试：右前悬车轮		
9	过减速带测试：左前悬车轮		
10	过减速带测试：右后悬车轮		
11	过减速带测试：左后悬车轮	验证悬架系统的稳定性及车轮对小冲击的响应	加速度随时间变化曲线。动能和总能量随时间变化曲线
12	整车碰撞刚性墙测试	验证车辆承受大变形的能力，评估车辆对碰撞的整体响应	加速度随时间变化曲线。动能和总能量随时间变化曲线

6.3.2 护栏模型的验证应符合下列要求：

a） 护栏模型宜通过单元试验对其关键的零部件性能进行验证；

b） 护栏模型应能够应用于不同的车辆模型碰撞分析，并要求在数值上稳定；

c） 护栏模型应能够实现失效模式。

条文说明

单元试验包含但不限于：

a） 对单个预埋立柱进行准静态模拟，然后与相应试验进行比较，立柱挠度及变形状况要与试验结果一致；

b) 对单个螺栓连接进行准静态模拟，然后与相应试验进行比较，螺栓、防阻块变形和断裂模式的仿真模拟结果要与试验结果相对应；

c) 对非关键部件的功能，可进行适当的工程分析以验证模型性能。

6.3.3 结构安全性能仿真评价前，应根据实车足尺碰撞试验条件进行车辆模型与两种及以上同类型护栏的碰撞模拟，并将模拟结果与试验结果进行对比验证，对比结果符合表 2 中各项要求时认为仿真模拟具有可靠性，方可用于进行护栏的安全性能仿真评价。

表 2 仿真模拟与实车足尺碰撞试验结果指标对比

序号	仿真与实车足尺碰撞试验结果对比		对比结果
1	阻挡功能	是否与试验结果一致	是/否
2	导向功能	是否与试验结果一致	是/否
3	车轮脱落	是否与试验结果一致	是/否
4	护栏纵向连接构件失效	是否与试验结果一致	是/否
5	护栏最大横向动态位移外延值(*W*)	是否在允许误差范围±(0.05m + 0.1×试验值)	是/否
		时差<0.05s	是/否
6	车辆最大动态外倾值(VI)	是否在允许误差范围±(0.05m + 0.1×试验值)	是/否
		时差<0.05s	是/否
7	小型客车乘员碰撞速度(OIV)	是否在允许误差范围±(0.83m/s + 0.1×试验值)	是/否
		时差<0.05s	是/否
8	小型客车乘员碰撞后加速度(ORA)	是否在允许误差范围±($10m/s^2$+ 0.1×试验值)	是/否
注：若仿真模拟与实车足尺碰撞试验结果一致，则勾选“是”，表示符合标准。			

条文说明

仿真模拟与实车足尺碰撞试验结果的对比项目中：

护栏最大横向动态位移外延值(*W*)是指车辆碰撞护栏过程中，护栏变形后最外边缘相对于护栏碰撞前最内边缘的最大横向水平距离，其仿真模拟结果与实车足尺碰撞试验结果之间的允许误差值为±(0.05m + 0.1×试验值)，当动态位移外延值达到最大值时，时差需小于 0.05s；

车辆最大动态外倾值(VI)是指大中型车辆碰撞护栏过程中外倾时，车辆最外边缘相对于护栏碰撞前最内边缘的最大横向水平距离，其仿真模拟结果与实车足尺碰撞试验结果的允许误差值为±(0.05m + 0.1×试验值)，当动态外倾值达到最大值时，时差需小于 0.05s；

小型客车乘员碰撞速度(OIV)是指碰撞护栏过程中，假想的乘员头部与乘员舱内部碰撞的瞬时相对速度，其仿真模拟结果与实车足尺碰撞试验结果的允许误差范围为±(0.83m/s + 0.1×试验值)，乘员碰撞速度对应时刻的时差需小于 0.05s；

小型客车乘员碰撞后加速度(ORA)是指碰撞护栏过程中，假想的乘员头部与乘员舱内部碰撞后，假想的乘员头部与车辆共同经受的车辆重心处加速度 10ms 间隔平均值的最大值，其仿真模拟结果与实车足尺碰撞试验结果的允许误差范围为±($10m/s^2$+ 0.1×试验值)。

上述误差范围均参考了欧洲标准委员会(CEN)发布的 *Road Restraint Systems—Guidelines for Computational Mechanics of Crash Testing Against Vehicle Restraint System*(CEN/TR 16303:2012)。该指南在安全性能指标方面继承了欧盟 EN 1317 标准，欧盟 EN 1317 标准与我国《公路护栏安全性能评价标准》(JTG B05-01)在安全性能指标上有所不同，例如欧盟 EN 1317 标准中采用加速度严重性指数(ASI)和理论头部碰撞速度(THIV)来评价护栏的缓冲功能，其中 ASI 综合考虑车体纵向(*X*)加速度、横向(*Y*)加速度和铅直(*Z*)

加速度三个方向的作用,THIV 则为纵向加速度和横向加速度的合成值;而我国标准按美国 MASH 思路,采用乘员碰撞后加速度(ORA)和乘员碰撞速度(OIV)评价指标的分量,且仅考虑纵向(X)和横向(Y)两个方向的作用。由于国内所采用的缓冲功能评价指标与欧盟不同,因此本文件在制定相应指标(乘员碰撞速度和碰撞后加速度)的允许误差时,结合上述指南文件进行了合理调整,使得规程既与国际接轨,亦对国内标准具有继承性。

6.3.4 应对模型验证的有效性进行判定,符合表 3 中各项要求时视为模型验证有效。

表 3 模型验证有效性判定准则

序号	判定准则
1	验证计算结果物理形态变化合理
2	碰撞模拟的总能量变化不超过 5%
3	沙漏能量小于总能量的 5%
4	增加质量小于总质量的 5%
5	无节点飞出
6	无负体积单元
注:“节点飞出”是指因模型异常导致节点速度无穷大而呈现飞出的现象。	

6.3.5 车辆模型和护栏模型应根据本文件进行审查验证。

条文说明

评价单位须提供模型计算初始(零时刻)的重启动文件,以便于在没有原始模型的情况下可重复进行计算,满足审查验证的需要。

6.3.6 模型验证应编制《公路护栏安全性能仿真评价报告　模型验证》,验证报告应符合下列要求:

a) 报告中应附有相应实车足尺碰撞试验的检测报告,且检测报告须获得委托单位授权;

b) 报告的格式应符合附录 D 的有关规定。

7 结构安全性能仿真评价

7.1 一般规定

7.1.1 护栏结构安全性能仿真评价应按照《公路护栏安全性能评价标准》(JTG B05-01)对护栏安全性能评价指标及碰撞条件的要求,采用仿真技术方法评价护栏结构是否达到相应防护等级。

7.1.2 护栏结构安全性能仿真评价的对象按照其与《公路交通安全设施设计细则》(JTG/T D81)的符合性,以及实车足尺碰撞试验的检测结果,划分为四个类别,见表 4。

表 4 公路护栏结构安全性能仿真评价对象的类别划分

类别	划分依据
J-1	规范上未给出具体构造和尺寸要求,仅给出关键尺寸(参数)范围的护栏结构
J-2	属于规范范围内的常规护栏形式,但与规范规定的构造和尺寸有所出入的护栏结构
J-3	与通过实车足尺碰撞试验检测合格的原护栏构造和尺寸有所出入的护栏改造结构
J-4	超出规范范围的新结构、新工艺、新材料的新型护栏
注:“规范”指《公路交通安全设施设计细则》(JTG/T D81)。	

条文说明

a) 第一类护栏(J-1)主要是指《公路交通安全设施设计细则》(JTG/T D81,以下简称《设计细则》)中的金属梁柱式护栏,《设计细则》对于这类护栏,仅针对各防护等级的护栏高度范围、横梁总高度之和范围、护栏构件截面厚度范围、横梁拼接套管长度范围做出下列规定。

1) 护栏高度范围的规定包括护栏总高度和加权平均高度。护栏总高度要求为:“四(SB)级及以下防护等级的金属梁柱式护栏总高度不应小于1.00 m;五(SA)级金属梁柱式护栏总高度不应小于1.25 m;六(SS)级及以上防护等级的金属梁柱式护栏高度不应小于1.50 m”。护栏所有横梁横向承载力距桥面的加权平均高度$\overline{Y}$要求不小于表5的规定值。可见《设计细则》仅给出了金属梁柱式护栏的高度范围,而未给出具体的尺寸要求。

表5　金属梁柱式护栏横梁横向承载力距桥面的加权平均高度$\overline{Y}$

防护等级	最小高度/cm
二(B)	60
三(A)	60
四(SB)	70
五(SA)	80
六(SS)	90
七(HB)	100
八(HA)	110

2) 护栏横梁总高度之和范围的规定为:“横梁的总高度之和不应小于护栏总高度的25%,与立柱的退后距离对应的横梁之间的净距宜位于图2a)所示的阴影区以内或以下,与立柱的退后距离对应的横梁的总高度之和与立柱高度之比宜位于图2b)所示的阴影区以内或以上”。可见《设计细则》仅给出了金属梁柱式护栏的横梁总高度之和范围,而未给出具体的尺寸要求。

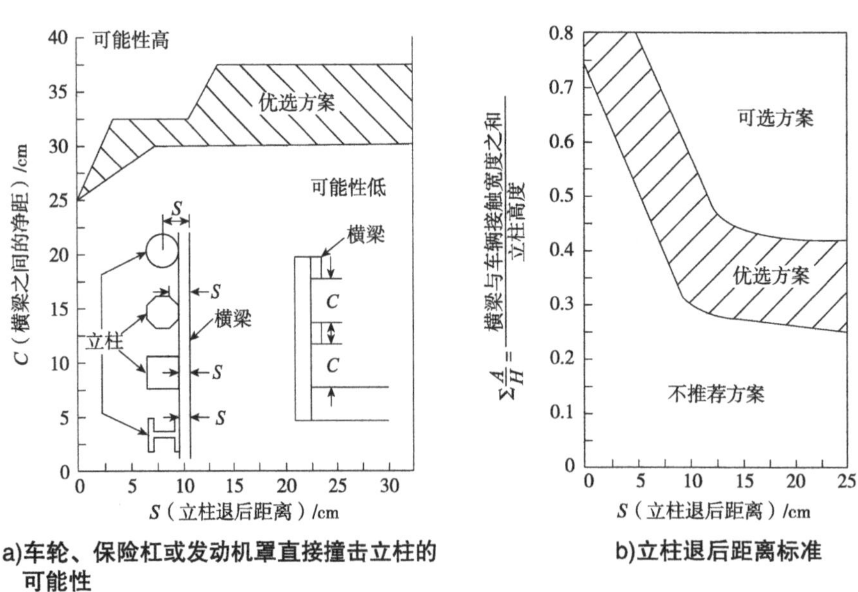

a)车轮、保险杠或发动机罩直接撞击立柱的可能性

b)立柱退后距离标准

图2　桥梁护栏构件规格和设置位置的选取标准

3） 护栏构件截面厚度范围的规定为："护栏构件的厚度应根据计算确定，并不小于表6规定的最小值"。可见《设计细则》仅给出了金属梁柱式护栏构件截面厚度范围，而未给出具体的尺寸要求。

表6 金属制护栏的截面最小厚度值

材料	截面形式	最小厚度值/mm			
		主要纵向有效构件	纵向非有效构件和次要纵向有效构件	辅助板、杆和网	抱箍、辅助构件
钢	空心截面	3.0	3.0	3.0	3.0
	其他截面	4.0	3.0	3.0	3.0
铝合金	所有截面	3.0	1.2	3.0	1.2
不锈钢	所有截面	2.0	1.0	2.0	0.5

4） 护栏横梁拼接套管长度范围的规定为："拼接套管长度应大于或等于横梁宽度的2倍，并不应小于30cm"，如图3所示，可见《设计细则》仅给出了金属梁柱式护栏的横梁拼接套管长度范围，未给出具体的尺寸要求。

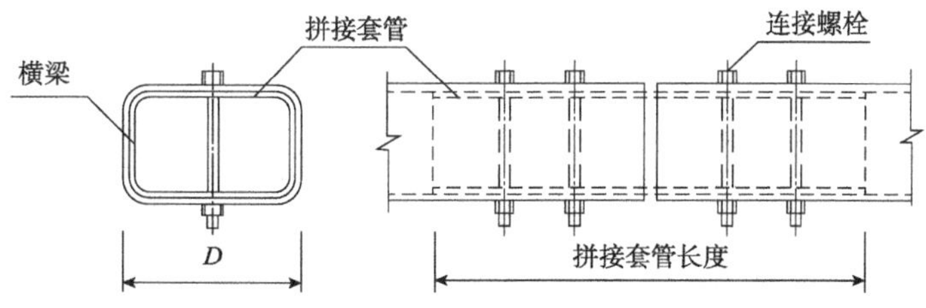

图3 横梁的拼接

此外，《设计细则》对于组合式护栏和混凝土护栏的断面配筋量规定："护栏的断面配筋量应根据计算确定，并应满足现行《公路钢筋混凝土及预应力混凝土桥涵设计规范》(JTG 3362)中对最小配筋率的规定"，可见对于配筋量，《设计细则》也只是给出了范围要求。

对于上述护栏，研发或设计人员按照《设计细则》可以设计出多种多样的结构形式，其安全性能也就会存在一定的差别，有必要通过安全性能仿真评价来确定其安全性，因此将其作为需要进行结构安全性能仿真评价的第一类护栏(J-1)。

b） 第二类护栏(J-2)属于《设计细则》中的常规护栏形式，如混凝土护栏、组合式护栏、金属梁柱式护栏、波形梁护栏和缆索护栏，但同时这类护栏又与《设计细则》规定的构造和尺寸有所出入，主要表现在以下几个方面：

1） 护栏的坡面(迎撞面)尺寸较《设计细则》标准结构有所改变，例如图4所示；

2） 护栏路面以上的有效高度较《设计细则》标准值有所改变；

3） 护栏的横梁高度之和、横梁净距不在《设计细则》规定范围，例如图5所示；

4） 护栏的立柱间距较《设计细则》标准值有所改变；

5） 护栏的刚度较《设计细则》标准结构有所改变，如护栏的横梁和立柱等关键受力构件的厚度不足、护栏配筋量减少等；

6） 护栏纵向连接构件强度较《设计细则》标准结构有所改变，如护栏的拼接螺栓强度等级较低等。

上述护栏较《设计细则》标准结构的改变有可能对其安全性能产生影响，因此将其作为需要进行结构安全性能仿真评价的第二类护栏(J-2)。

单位为毫米

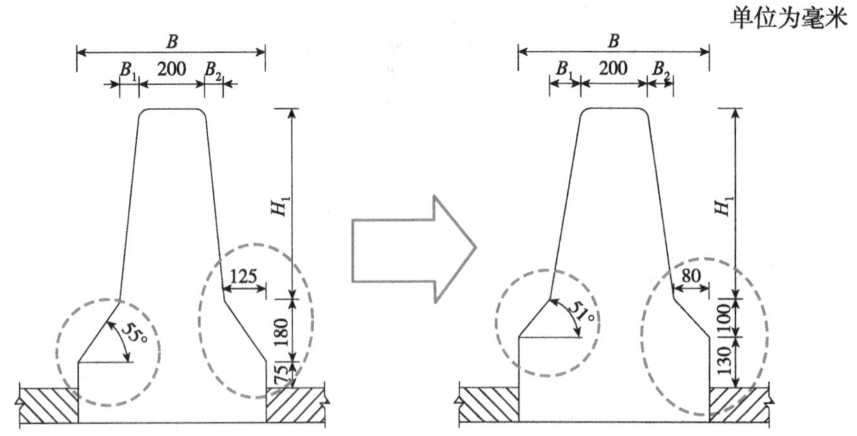

a)《设计细则》标准F型坡面中央分隔带混凝土护栏和坡面尺寸改变后混凝土护栏对照

单位为毫米

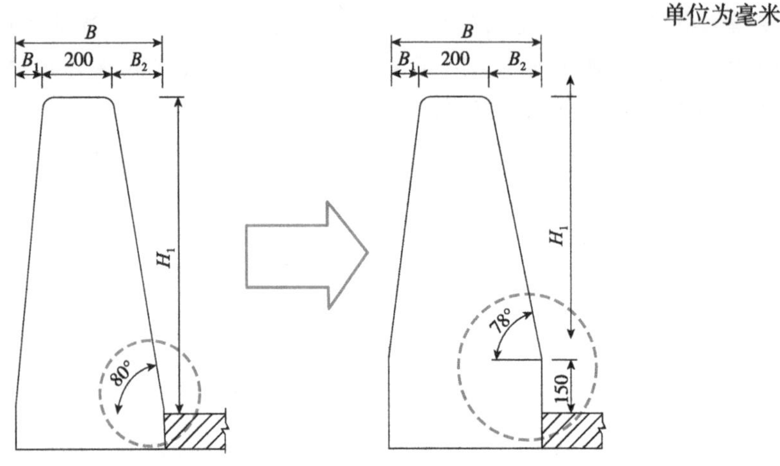

b)《设计细则》标准单坡型坡面路侧混凝土护栏和坡面尺寸改变后混凝土护栏对照

图4　护栏的坡面(迎撞面)尺寸较《设计细则》标准结构改变的示例

单位为毫米

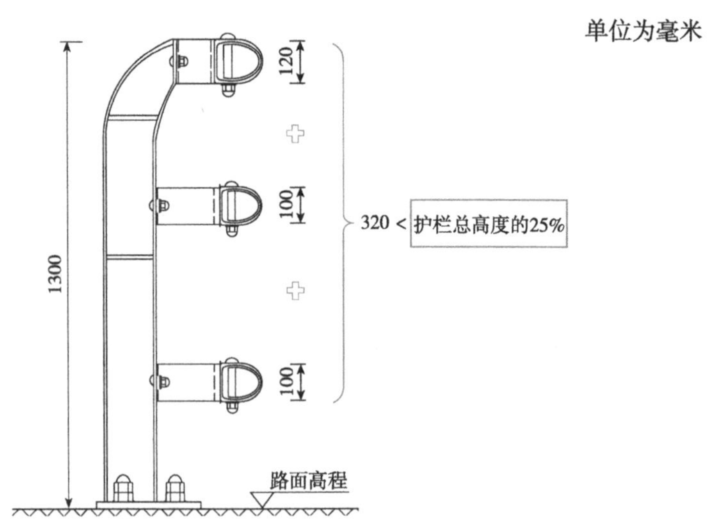

图5　护栏的横梁高度之和不在《设计细则》规定范围的示例

c)　第三类护栏(J-3)属于成功通过实车足尺碰撞试验验证的护栏形式,但同时这类护栏又与通过实车试验的原结构构造和尺寸有所出入,主要表现在以下几个方面:

1)　护栏的坡面(迎撞面)尺寸较试验护栏结构有所改变;

2) 护栏的有效高度较试验护栏结构有所改变；

3) 护栏的横梁高度之和、横梁净距较试验护栏结构有所调整；

4) 护栏的立柱间距较试验护栏结构有所改变；

5) 护栏的刚度较试验护栏结构有所改变，如护栏的横梁和立柱等关键受力构件的厚度不足(见图6)、护栏配筋量减少等；

6) 护栏纵向连接构件强度较试验护栏结构有所改变，如护栏的拼接螺栓强度等级较低等。

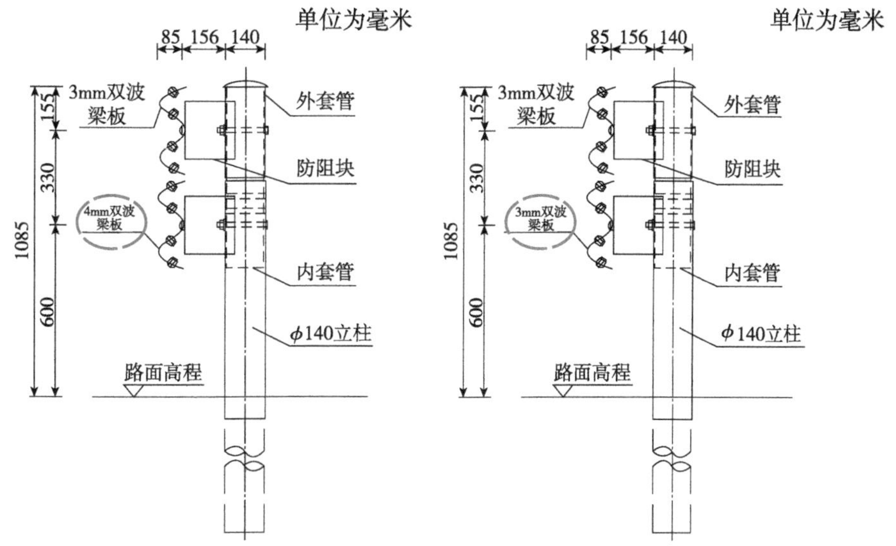

a)成功通过实车足尺碰撞试验验证的护栏　　b)护栏的横梁厚度减小

图6　护栏刚度较试验护栏结构改变的示例

上述护栏较通过实车足尺碰撞试验验证结构的改变有可能对其安全性能产生影响，因此将其作为需要进行结构安全性能仿真评价的第三类护栏(J-3)。

d) 第四类护栏(J-4)是指采用新结构、新工艺、新材料得到的新型护栏，例如北京华路安交通科技有限公司等单位合作研发的玻璃纤维筋新型混凝土护栏、高分子护栏等，以及北京华路安交通科技有限公司参编的中国工程建设标准化协会标准《波形梁合金钢护栏》(T/CECS 10088—2020)中的合金钢护栏，均属于新型护栏(见图7)，有必要通过安全性能仿真评价来确定其安全性，因此将这类护栏作为需要进行结构安全性能仿真评价的第四类护栏(J-4)。

a)玻璃纤维筋新型混凝土护栏　　b)高分子护栏　　c)波形梁合金钢护栏

图7　新型护栏

7.1.3 《公路护栏安全性能仿真评价报告　结构安全性能仿真评价》中应附有护栏详细构造图、模型验证报告，《公路护栏安全性能仿真评价报告　结构安全性能仿真评价》格式应符合附录E的规定。

7.2 安全评价

7.2.1 护栏的碰撞条件和碰撞点位置应符合《公路护栏安全性能评价标准》(JTG B05-01)的规定。

7.2.2 护栏的结构安全性能仿真评价应符合下列要求：

a) 采用与模型验证时同种类型的仿真模拟软件；

b) 车辆模型应与模型验证时一致，且车辆模型总质量、几何尺寸、重心位置等主要技术参数应与《公路护栏安全性能评价标准》(JTG B05-01)的要求一致；

c) 护栏模型的结构尺寸、材料性能指标、基础和设置条件等应与其设计图纸要求一致，护栏模型的结构长度应与《公路护栏安全性能评价标准》(JTG B05-01)的要求一致；

d) 车辆碰撞护栏系统的总能量变化不得超过5%，沙漏能量不得超过系统初始总能量的5%，系统的总质量增加不得超过5%。

7.2.3 护栏应同时满足《公路护栏安全性能评价标准》(JTG B05-01)中阻挡功能、缓冲功能和导向功能对应的指标要求，方可认定达到相应的防护等级。

7.3 评价结论

7.3.1 结构安全性能仿真评价结论应根据仿真计算结果，按照对应的护栏结构类别，给出护栏结构安全性能仿真评价结论，评价标准见表7。

表7 护栏结构安全性能仿真评价结论

结构类别	评价结果			评价结论
	护栏安全性能指标结果	与规范规定的护栏结构比较结果	与通过碰撞试验护栏结构比较结果	
J-1	○	—	—	该护栏安全性能满足××防护等级要求
	⊗	—	—	该护栏安全性能不满足××防护等级要求，建议开展护栏结构优化或实车足尺碰撞试验
J-2	○	○	—	该护栏安全性能满足××防护等级要求
	○	⊗	—	该护栏安全性能满足××防护等级要求，建议开展护栏结构优化或实车足尺碰撞试验
	⊗	⊗	—	该护栏安全性能不满足××防护等级要求，建议开展护栏结构优化或实车足尺碰撞试验
J-3	○	—	○	该护栏安全性能满足××防护等级要求
	○	—	⊗	该护栏安全性能满足××防护等级要求，建议开展护栏结构优化或实车足尺碰撞试验
	⊗	—	⊗	该护栏安全性能不满足××防护等级要求，建议开展护栏结构优化或实车足尺碰撞试验
J-4	○	—	—	该护栏安全性能满足××防护等级要求，建议开展实车足尺碰撞试验
	⊗	—	—	该护栏安全性能不满足××防护等级要求，建议开展护栏结构优化或实车足尺碰撞试验

注1：“规范”指《公路交通安全设施设计细则》(JTG/T D81)。

注2：“护栏安全性能指标结果”满足指标要求时，用“○”表示，反之用“⊗”表示；
“与规范规定的护栏结构比较结果”优于或等同于规范规定的护栏结构时，用“○”表示，反之用“⊗”表示；
“与通过碰撞试验护栏结构比较结果”优于或等同于通过碰撞试验的护栏结构时，用“○”表示，反之用“⊗”表示；
“—”表示忽略该项。

7.3.2 结构安全性能仿真评价应编制《公路护栏安全性能仿真评价报告 结构安全性能仿真评价》。

8 公路适应性能仿真评价

8.1 一般规定

8.1.1 护栏对公路适应性能仿真评价宜在结构安全性能仿真评价合格后进行,应结合公路其他相关沿线设施及交通工程条件,参照《公路护栏安全性能评价标准》(JTG B05-01)对公路护栏安全性能评价指标及碰撞条件的要求,采用仿真技术方法进行模拟计算,将计算结果与结构安全性能仿真评价结果进行对比,同时考虑对公路沿线设施的影响程度,评价护栏对于公路适应的安全性。

条文说明

公路上其他沿线设施及交通工程条件可能会对护栏的安全防护能力产生影响,因此有必要进行护栏对公路适应的安全性能仿真评价。评价中需要考虑的影响因素见表8,需结合这些实际影响因素进行建模及安全性能仿真评价。

表8 公路其他沿线设施及交通工程条件影响因素

类别		影响因素
基础	路基	基础形式、埋深、土基压实度、土路肩、边坡、人孔等
	桥梁	翼缘板形式(混凝土箱梁、钢箱梁)、梁板厚度、配筋、预埋连接、伸缩缝、桥台等
路侧构筑物		桥墩、隧道检修道、隧道洞门、标志立柱、照明灯柱、斜拉索、吊杆、监控设施、声屏障、防眩设施、防抛网、边沟等
公路线形		超高、横坡、纵坡、平曲线、竖曲线等
路面		路面形式、路缘石、拦水带、护轮带等

8.1.2 公路适应性能仿真评价应进行现场调查和资料收集,资料的质量、数量和时效应满足评价要求。收集资料宜包含下列内容:

a) 现场连续摄像或照片;

b) 相关设计文件,包括设计图、施工图或竣工图;

c) 护栏结构安全性能仿真评价的相关资料;

d) 其他可用于评价的资料。

8.1.3 《公路护栏安全性能仿真评价报告 公路适应性能仿真评价》中应附有护栏建模所依据的相关设计文件、模型验证报告等文件,《公路护栏安全性能仿真评价报告 公路适应性能仿真评价》格式应符合附录F的规定。

8.2 安全评价

8.2.1 公路适应性能仿真评价除应符合7.2.2的规定,还应符合下列规定:

a) 护栏的碰撞条件应符合《公路护栏安全性能评价标准》(JTG B05-01)的规定;

b) 护栏的碰撞点位置应考虑公路其他沿线设施及交通工程条件因素的影响。

8.2.2 公路适应性能仿真评价应通过与结构安全性能仿真评价结果对比来得出评价结论。

8.3 评价结论

8.3.1 公路适应性能仿真评价结论应根据仿真计算结果给出,评价标准见表9。

表 9　公路适应性能仿真评价结论

评价结果			评价结论
护栏安全性能指标结果	与结构安全性能仿真评价指标比较结果	对公路沿线设施的影响程度	
○	○	无影响	优秀
		影响小	良好
		影响大	差
○	⊗	无影响	良好
		影响小	一般
		影响大	差
⊗	⊗	—	差

注:"护栏安全性能指标结果"为"满足护栏安全性能指标要求"时,用"○"表示,反之用"⊗"表示;
"与结构安全性能仿真评价指标比较结果"为"优于或等同于结构安全性能仿真评价指标"时,用"○"表示,反之用"⊗"表示;
"—"表示忽略该项。

条文说明

评价结论综合考虑护栏安全性能指标结果和对公路沿线设施影响程度两方面因素,例如通过与结构安全性能仿真评价结果对比后,护栏安全性能指标优于或等同于结构安全性能仿真评价指标时,若对公路沿线设施无影响,给出评价结论为"优秀";但若对公路沿线设施影响大,则给出评价结论为"差"。表 9 中,"无影响"的情况如车辆碰撞护栏过程未碰撞公路沿线设施等,"影响小"的情况如车辆碰撞护栏过程有轻微剐蹭公路沿线设施等,"影响大"的情况如车辆碰撞护栏过程有严重绊阻导致公路沿线设施破坏等。

8.3.2　公路适应性能仿真评价应编制《公路护栏安全性能仿真评价报告　公路适应性能仿真评价》。

9　车辆乘员适应性能仿真评价

9.1　一般规定

9.1.1　护栏对车辆乘员适应性能仿真评价宜在结构安全性能仿真评价合格后进行,应选取多种车型,参照《公路护栏安全性能评价标准》(JTG B05-01)对公路护栏阻挡和导向功能指标的要求以及《汽车正面碰撞的乘员保护》(GB 11551)对假人性能指标的要求,采用仿真技术方法进行模拟计算,评价护栏对于车辆适应的安全性。

条文说明

《公路护栏安全性能评价标准》(JTG B05-01)中给出了具有一定代表性的车型,但是并不能涵盖实际运营公路上的重要车型,例如小客车中的"运动型多用途车(SUV)"、货运车辆中的"罐车"等车型均具有其自身技术特点,且在公路上占有重要比例。研究经验表明,车辆的主要技术参数对碰撞结果有一定影响,总质量相同的车辆,由于整备质量、几何尺寸或重心高度等主要技术参数不同,所测得的车辆重心处加速度、车辆运行轮迹以及护栏最大横向动态变形量等均有一定差别。此外,相同的碰撞能量下,不同碰撞条件组合对于碰撞护栏结果亦有影响。因此,为更好地评价护栏安全性能对车辆适应性,本章提出了采用更多车型不同碰撞条件来开展计算机仿真模拟评价。

9.1.2　《公路护栏安全性能仿真评价报告　车辆乘员适应性能仿真评价》中应附有护栏详细构造图、模型验证报告,《公路护栏安全性能仿真评价报告　车辆乘员适应性能仿真评价》格式应符合附录 G 的规定。

9.2　安全评价

9.2.1　车辆乘员适应性能仿真评价除应符合7.2.2的规定,还应符合下列规定:

a)　应在车辆模型驾驶席上设置假人模型,并配带有效安全带;

b)　应根据公路交通流特征确定碰撞车型;

c)　护栏的碰撞角度和碰撞点位置应符合《公路护栏安全性能评价标准》(JTG B05-01)的规定。

条文说明

公路护栏的安全性能最终要通过对乘员的保护来体现,增添假人模型可考察碰撞护栏过程对乘员的伤害情况,直观地评价护栏对乘员的缓冲保护功能。

9.2.2　车辆乘员适应性能仿真评价的阻挡功能和导向功能指标应符合《公路护栏安全性能评价标准》(JTG B05-01)的要求,缓冲功能指标应符合下列要求:

a)　假人头部性能指标 HPC≤1000;

b)　假人胸部压缩指标 ThCC≤75mm;

c)　假人大腿压缩力指标 FFC≤10kN。

条文说明

缓冲功能指标参考了《汽车正面碰撞的乘员保护》(GB 11551)。根据汽车正面碰撞有关标准的要求,当假人的头部性能指标、胸部压缩指标、大腿压缩力指标均小于或等于标准值时,不会对乘员造成严重伤害;哪个部位的指标超出标准值,乘员的那一部分就会受到伤害,当假人的头部性能指标、胸部压缩指标超出标准值时,有可能威胁车内乘员的生命。

9.2.3　车辆乘员适应性能仿真评价应通过考察不同车型、不同碰撞条件下护栏的阻挡功能、导向功能和缓冲功能指标来评价护栏的车辆及乘员适应性能。

9.3　评价结论

9.3.1　车辆乘员适应性能仿真评价结论应根据仿真计算结果给出,评价标准见表10。

表10　车辆乘员适应性能仿真评价结论

<table>
<tr><th rowspan="2">护栏的阻挡与导向功能评价结果</th><th colspan="2">护栏的缓冲功能评价结果</th><th rowspan="2">评价结论</th></tr>
<tr><th>假人头部和胸部指标结果</th><th>假人大腿指标结果</th></tr>
<tr><td rowspan="3">○</td><td rowspan="2">○</td><td>○</td><td>优秀</td></tr>
<tr><td>⊗</td><td>一般</td></tr>
<tr><td>⊗</td><td>—</td><td>差</td></tr>
<tr><td>⊗</td><td>—</td><td>—</td><td>差</td></tr>
<tr><td colspan="4">注:“护栏的阻挡与导向功能评价结果”均满足评价指标要求时,用“○”表示,反之用“⊗”表示;
“假人头部和胸部指标结果”均满足评价指标要求时,用“○”表示,反之用“⊗”表示;
“假人大腿指标结果”满足评价指标要求时,用“○”表示,反之用“⊗”表示;
“—”表示忽略该项。</td></tr>
</table>

9.3.2　车辆乘员适应性能仿真评价应编制《公路护栏安全性能仿真评价报告　车辆乘员适应性能仿真评价》。

附 录 A
(规范性)
仿真模拟软件要求

A.1 仿真模拟软件一般要求

A.1.1 仿真模拟软件应具备处理碰撞过程非线性问题的功能。

A.1.2 仿真模拟软件应具备模拟护栏和车辆结构的单元类型。

A.1.3 仿真模拟软件应具备模拟护栏和车辆结构的材料类型。

A.1.4 仿真模拟软件应具备模拟车辆碰撞护栏物理过程的接触类型。

A.2 仿真模拟软件计算功能要求

A.2.1 仿真模拟软件应能够模拟车辆和护栏的绊阻过程。

A.2.2 仿真模拟软件应能够输出车辆和护栏吸收的能量。

A.2.3 仿真模拟软件应能够定义加速度传感器。

A.2.4 仿真模拟软件应能够提取车辆运行轨迹。

附　录　B
(规范性)
建模技术与验证测试方法

B.1　车辆建模技术

B.1.1　车辆模型部件

车辆模型的部件应包括车身、车架、悬架、车轮和转向系统。

a) 车身形状和材料属性应精确,通常这一部分模型由具有适当厚度的壳单元构成。车身材料通常为钢或铝合金,在有限元方法中一般采用弹塑性材料;对应变率敏感材料,应考虑材料的应变率效应。

b) 车架各构件通常采用壳单元进行建模,采用刚性点焊单元、梁单元进行连接。

c) 悬架宜进行简化,悬架的导向机构及减振器等可使用简单的壳单元和实体单元建模,弹性元件(弹簧和阻尼器)或转向节可采用一维单元建模。

d) 车轮总成建模时,需考虑以下两个要素。

   1) 车轮的自由滚动。宜通过在两个刚体间定义一个沿特定方向相对旋转的转动接头来实现。

   2) 轮胎变形以及与路面的摩擦。轮胎的胎压宜在有限元模型中通过设置气囊属性来模拟;对于轮胎和路面之间的摩擦系数,需要定义静摩擦系数和动态摩擦系数。

e) 转向系统宜进行简化,转向拉杆套筒、转向盘和转向器等使用简单的壳体单元建模并进行配重,转向轴、转向横拉杆及连接机构可以用一维单元建模。图 B.1 为转向系统示例。

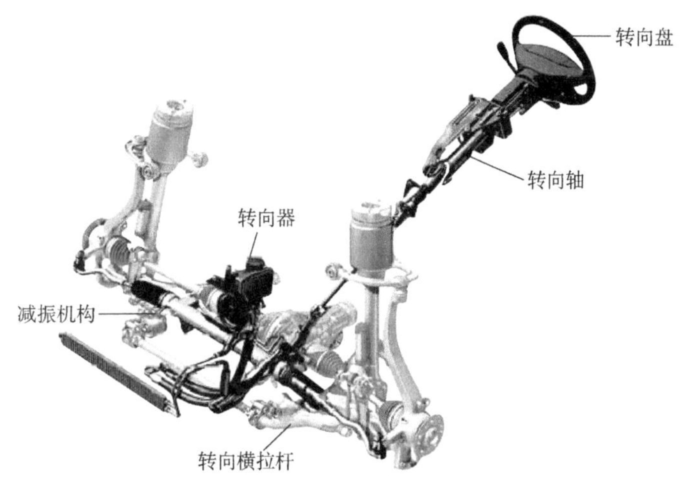

图 B.1　转向系统示例

B.1.2　车辆模型组织

为快速识别车辆模型中各零部件并理解其连接装配关系,同时为方便模型操作,随时对车辆模型的某一系统进行测试和校核,应对车辆模型进行模块化管理。采用模块化管理后的模型架构为:每个子系统包含在一个单独的文件中,所有子系统之间的边界条件、接触和约束包含在一个单独的文件中,所有子系统内定义的材料包含在一个单独的文件中,整个模型可以用一个使用 file include 命令的主文件来调用,例如,在某商业有限元软件中使用 * INCLUDE 实现。图 B.2 提供了某商业有限元软件应用程序的模型结构。因此,主文件可为:

```
$ Main. index
$
$ Heading
$
*KEYWORD
*INCLUDE
\Body\Body. index
*INCLUDE
\Suspensions\Rr_susp. index
*INCLUDE
\Suspensions\Fr_susp. index
*INCLUDE
\Engine\Engine. index
*INCLUDE
\Wheels\Rr_Wheels. index
*INCLUDE
\Wheels\Fr_Wheels. index
*INCLUDE
Boundary_conditions. index
*INCLUDE
Materials. index
*END
```

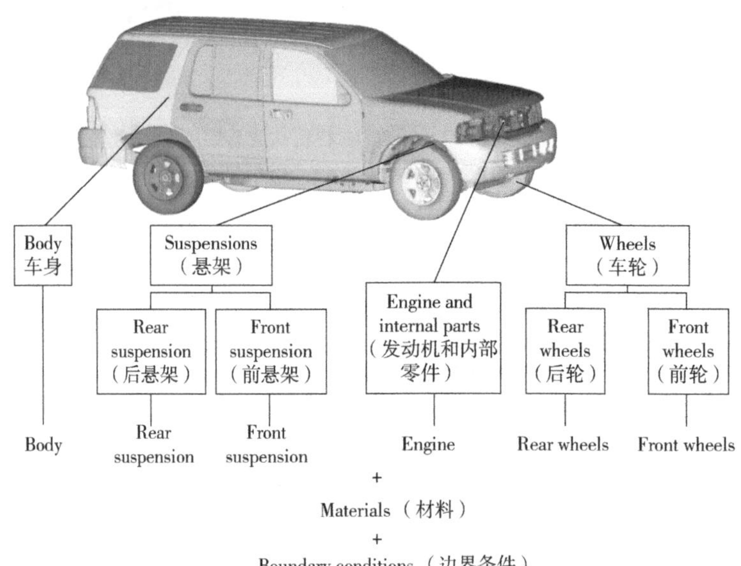

图 B.2 小型汽车的子部件细分示例

B.1.3 车辆模型模块化建立规则

车辆模型的模块化建立规则包含以下几方面。

a） 文件架构应包含子系统模型文件、子系统连接及接触关系文件，以及调用这些文件的“主”文件。各子系统文件应彼此独立，可单独打开。当模型针对广泛的用户时，如果不同的分析人员需要使用模型，模块化结构具有很大优势，可以使模型易于理解，以便进一步修改或适应不同的碰撞情况。

b) 每个子系统的节点和单元编号应各自使用一个可区分的范围，每个子系统中节点和单元应按顺序编号。例如，考虑到车辆模型由多个子系统组成，每个子系统又由许多部件组成，车辆模型可以选择范围 1～1000000，该范围应大于节点总数和单元总数并有充分的余量。对于每个单独的部件，可以为其分配子范围，这种技术对于快速识别节点或单元属于哪个部分或子系统十分有效。

c) 通过平移、旋转或其他几何操作来调整模型间的相对位置时，应尽量减少直接对车辆模型的操作(如相对护栏对车辆进行定位、平移或旋转等)，最好通过移动或旋转护栏来进行定位。

d) 对车辆模型整体修改时，可在每个单独的子系统中进行修改。

e) 模型的单位应具有一致性，首选单位是毫米、牛顿、吨和秒；模型节点坐标应在车辆坐标系中定义。

B.1.4 车辆模型材料

车辆模型的材料应考虑以下方面。

a) 材料本构关系应与仿真模拟的范畴相符，例如材料本身能够承受较大的塑性变形和破坏，则模型中的材料定义应反映这些能力。车辆模型文件应包含所有使用的材料卡和材料本构关系。

b) 当应变率对材料屈服点有影响时，应变率参数会影响材料的破坏或材料破坏程度，因此，应考虑材料的应变率。

c) 金属材料的屈服可通过米塞斯(von Mises)应力来判断。

B.1.5 车辆模型二维网格技术参数一般规定

车辆模型的二维网格技术参数应遵循下列规定。

a) 通常碰撞过程中只有车体的部分结构直接接触并撞击护栏，在建立车辆有限元模型时，直接参与碰撞的车体局部结构宜采用细密网格。对于护栏模型，同样可以考虑对可能与碰撞车辆发生接触的横梁或护栏的其他结构进行网格细化。

b) 应合理定义单元的类型和尺寸。对于较厚部件的失效，可通过在壳体单元厚度方向上定义积分点来模拟。

c) 在对车辆结构建模时，没有包含内饰、座椅、门锁机构及其他部件。缺失的部分以质量点的形式均布在车体结构上，一般这部分质量占整车质量的 10%～20%。

B.1.6 车辆模型二维网格划分要求

车辆模型二维网格划分宜满足下列要求。

a) 孔的网格宜按表 B.1 划分，其中 D 为孔直径。

b) 倒角的网格宜按表 B.2 划分，图 B.3 为倒角的网格划分示意图，其中 R 为倒角半径。

表 B.1 孔的网格划分建议

尺寸/mm	建议
$D<10$	孔可以忽略
$10<D<20$	可将孔划分网格后成方形孔
$20<D<40$	孔周边用四边形单元环形均布，且至少应有 6 个单元
$D>40$	按照建模尺寸，保留偶数单元

表 B.2　倒角的网格划分建议

尺寸/mm	建议
R<10	倒角可以忽略，通过沿着与倒角边缘相切的线适度扩展网格来修剪倒角
10<R<20	倒角中间至少保留 1 个点
20<R<40	倒角中间留有 2~3 个点
40<R<100	倒角中间留有 4 个点
R>100	按照建模尺寸划分

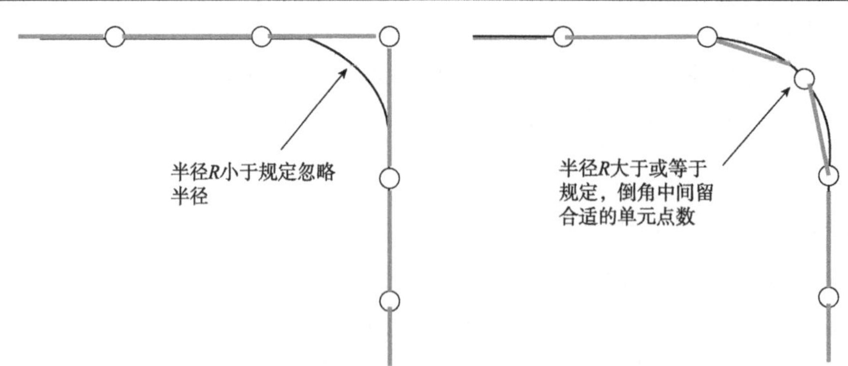

图 B.3　倒角的网格划分示意

B.1.7　车辆模型二维网格特征

金属板壳主要使用四边形单元划分网格，可使用三角形单元来保持网格一致性，但三角形单元不应超过模型中单元总数的 5%，而在单个钣金构件中不应超过其单元数的 10%。表 B.3 为壳单元特征推荐性建议。

表 B.3　壳单元特征推荐性建议

网格特征	推荐性建议
网格尺寸	接触区域的网格尺寸为 10mm，非关键位置的网格尺寸为 10mm~20mm。远离撞击点部位网格尺寸为 40mm~50mm(例如：车头左侧撞击，车体后右侧可用 40mm~50mm 网格尺寸进行划分)
网格均匀性	网格应尽可能均匀一致
单元最小数量	单元尺寸不应大于焊接间距，相邻两个焊点之间应至少有 3~4 个单元。 对于方柱和方梁，沿截面每个尺寸方向定义至少 5 个单元
长宽比	<5
翘曲度	<15°
最大角、最小角	四边形单元最小角度：45°。 四边形单元最大角度：135°。 三角形单元最小角度：20°。 三角形单元最大角度：120°
雅可比	>0.65
偏斜度	<45°

B.1.8　车辆模型二维网格的焊接和连接技术参数一般规定

车辆模型二维网格的焊接和连接技术参数应遵循下列规定。

a） 点焊可采用刚性或可变形单元连接进行建模，需要连接的节点应尽可能一一对应，两个连接节点的投影距离不应超过 7mm。

b） 缝焊可通过刚性单元连接焊缝周围节点来建模，也可采用节点合并的方法进行建模。

c） 在结构采用粘胶(如结构胶、玻璃胶)的情况下，粘胶处可使用实体单元建模，也可在节点之间使用单自由度弹簧元件，但应提供足够计算验证弹簧特性。如果粘胶没有结构性功能，则可以忽略。

d） 螺栓可以用一维梁单元建模，并设置适当的刚度特性。模型螺栓的头部中心和螺母的理论中心应刚性连接至连接件的接触周围。

B.1.9 车辆模型三维网格技术参数一般规定

车辆模型的三维网格技术参数应遵循下列规定。

a） 实体单元优先选用 8 节点六面体单元，五面体单元不应超过模型中单元总数的 2%，四面体单元不应超过模型中单元总数的 0.1%。

b） 实体单元特征推荐性建议见表 B.4。

表 B.4 实体单元特征推荐性建议

网格特征	推荐性建议
网格尺寸	10mm 左右
细小特征	小于 3mm 尺寸的细小特征可以忽略不计
单元最小数量	对于薄壁结构(厚度 3mm~4mm)，单元的最大尺寸由厚度决定。在其他情况下，至少应在厚度方向上定义两层单元
宽高比	<5
面翘曲度	<30°
面偏斜度	<45°
雅可比	>0.5

B.1.10 车辆模型检查

车辆模型检查包括以下几方面。

a） 每个零件的单元应连续，保证其自由边只出现在零件的实际边界上。

b） 同一零件的单元法线方向应一致。

c） 每个薄壁零件的单元网格应位于零件的中面；如果因为接触界面处理的需要，也可位于零件的表面，但此时应与接触厚度的定义配合使用。

d） 除定义弹簧、铰链轴外，每个零件中不得有重复的单元。

e） 模型可按 90%的结构厚度进行穿透检查。

B.2 护栏建模技术

B.2.1 护栏模型材料

护栏模型材料应符合 B.1.4 的规定。

B.2.2 护栏模型二维网格技术参数

护栏模型二维网格技术参数的一般规定参考 B.1.5，二维网格划分应符合 B.1.6 的规定，网格特征为：金属板壳应使用四边形单元划分网格，可使用三角形单元来保持网格一致性，但三角形单元不应超过模型中单元总数的 5%，单个钣金构件中不应超过单元数的 10%。基于当前研究和行业发展实践给出壳单元特征推荐性建议见表 B.5。

表 B.5　壳单元特征推荐性建议

网格特征	推荐性建议
网格尺寸	精细的网格通常单元边长 5mm~30mm。 不需要精细网格的部件(远离接触区的部件)可采用边长 30mm~100mm 的尺寸建模
网格均匀性	网格应尽可能均匀一致
最小单元数量	对于点焊部件，单元尺寸不应大于焊接间距。 对于方柱和方梁，沿截面每个尺寸方向定义至少 5 个单元。 横向尺寸大于最小单元尺寸的翻边，翻边上应至少有 3 排单元
长宽比	优选比例<2；最大允许<5
翘曲度	优选极限<10°；最大允许<20°
最大角、最小角	四边形单元最小角度：45°。 四边形单元最大角度：135°。 三角形单元最小角度：20°。 三角形单元最大角度：120°
雅可比	>0.65
偏斜度	<45°

B.2.3　护栏模型二维网格的焊接和连接技术参数一般规定

护栏模型二维网格的焊接和连接技术参数应遵循下列规定。

a) 点焊应使用刚性单元建模，需要连接的节点应一一对应，两个连接节点的投影距离不应超过 7mm，连接两个相邻板的两个节点之间的最大距离不应大于 10mm，80% 情况下不应大于 7mm。
b) 缝焊应采用刚性单元来模拟焊缝周围节点之间的连接。
c) 在结构采用粘胶(如结构胶、玻璃胶)的情况下，粘胶处可使用实体单元建模，也可在节点之间使用单自由度弹簧元件，但应提供足够计算验证弹簧特性。如果粘胶没有结构性功能，则可以忽略。
d) 螺栓的模拟宜根据实际情况考虑以下因素：摩擦、接头滑移、螺栓张力、螺栓弯曲、螺栓剪切、接触定义、材料失效准则、螺栓预紧力和螺栓拉拔力。

B.2.4　护栏模型三维网格技术参数一般规定

当护栏结构中包含铸造、机加工或锻造金属部件时，其单元类型宜采用实体单元。蜂窝和塑料泡沫等专用材料也可能需要实体单元来表示其几何形状。目前用于二维单元的网格尺寸和质量通常也用于实体单元。实体单元特征推荐性建议见表 B.6。

表 B.6　实体单元特征推荐性建议

网格特征	推荐性建议
网格尺寸	精细的网格单元通常边长 5mm~30mm。 不需要精细网格的部件(远离接触区的部件)可采用边长 30mm~100mm 尺寸建模
网格均匀性	网格应尽可能统一和均匀

B. 2. 5　**护栏模型检查**

护栏模型检查宜参考车辆模型检查的规定，见 B. 1. 10。

B. 3　验证测试方法

B. 3. 1　车辆模型的车辆零部件测试主要包括前后悬架模拟测试：将车辆悬空，对每个车轮进行单独加载。在车轮底面施加载荷，将车轮推至减振器底部（小型车典型受力值约为 4000N），车轮的运动应当反映受悬架影响的相应运动。对于采用独立悬架的前悬测试，车轮运动应与悬架的振动不相干。图 B. 4 为小型汽车单轮加载实例，图 B. 5 为对称载荷下的后悬架测试实例。本阶段包括 3 种不同的测试方法：单轮加载，前后悬架系统对称载荷，前后悬架系统的非对称载荷。

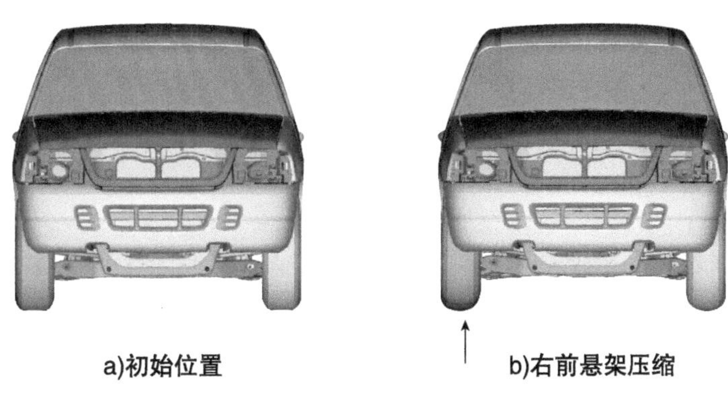

a)初始位置　　b)右前悬架压缩

图 B. 4　施加在单个右前轮上的荷载

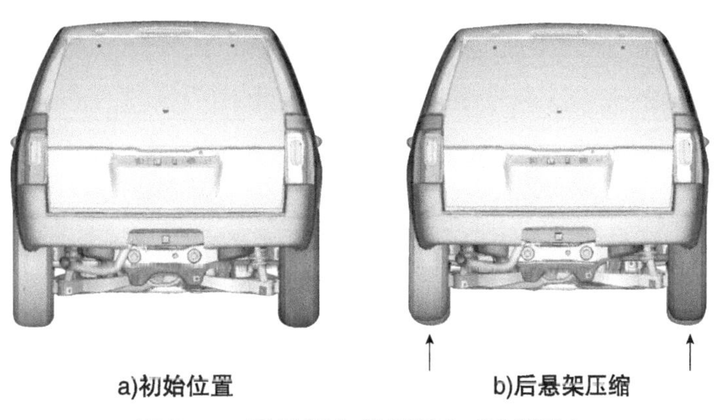

a)初始位置　　b)后悬架压缩

图 B. 5　后悬架车轮压缩（对称载荷）

B. 3. 2　车辆模型线形/环形轨迹测试要求如下。

a）线形轨迹：车辆以恒定速度 100km/h 在线性轨道上行驶，模型应能运行 30m 以上。

b）环形测试：车辆以恒定速度 30km/h ~ 40km/h 在环形轨道上行驶，环形轨道可有不同的坡度，模型应能运行 30m 以上。

B. 3. 3　车辆模型过减速带测试，以测试悬架系统和车轮对小冲击的响应，要求如下。

a）车辆前后轮以 15km/h 的速度通过一个弧形截面的刚性减速带。应进行 6 项测试，包括两个前轮、两个后轮、右前轮、左前轮、右后轮、左后轮。

b）减速带可用刚性壳单元建模，并固定在地面上。典型减速带的形状和尺寸见图 B. 6。

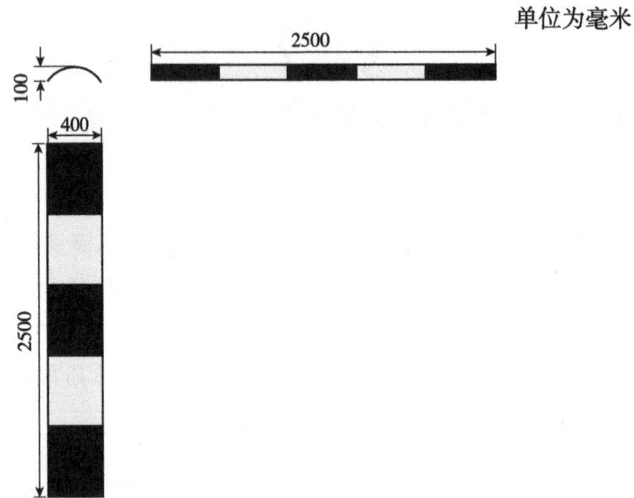

图 B. 6　两个前轮或后轮要通过的减速带

B. 3. 4　整车碰撞测试通过模拟整车模型撞击刚性墙进行测试。

附　录　C
（资料性）
车辆主要技术参数

C.1　小型客车的主要技术参数

小型客车的主要技术参数应符合表 C.1 的要求。

表 C.1　小型客车的主要技术参数要求

车辆类型		微型轿车	小型轿车	中高级轿车	小型越野车	中大型越野车	厢型车
车辆总质量/kg		1000	1500	2300	1600	2400	2500
整备质量/kg		850±75	1320±75	1900±100	1400±100	2000±100	2000±100
几何尺寸（容许误差±15%）/mm	前轮轮距	1400	1500	1600	1500	1600	1700
	车轮半径（空载状态）	310	320	350	360	375	350
	轴距（最远轴间）	2300	2610	3000	2400	2900	2500
	车辆总长	3900	4600	5000	4000	5000	5000
	车辆总宽	1600	1770	1800	1800	1800	1800
车辆总质量重心位置/mm	距前轴中心的纵向距离（容许误差±10%）	1050	1210	1350	1400	1400	1750
	距地面高度（容许误差±10%）	500	580	640	680	680	650
	距纵向中心线的横向距离	±50	±80	±80	±80	±80	±80

C.2　中大型客车的主要技术参数

中大型客车的主要技术参数应符合表 C.2 的要求

表 C.2　中大型客车的主要技术参数要求

车辆类型		中型客车	中型客车	大型客车	大型客车	特大型客车
轴数		2	2	2	2	3
车辆总质量/kg		6000	10000	14000	18000	25000
整备质量/kg		4080±300	6950±500	9860±800	12660±1000	17030±1000
几何尺寸（容许误差±15%）/mm	前轮轮距	1890	2020	2050	2110	2110
	车轮半径（空载状态）	420	460	500	540	540
	轴距（最远轴间）	3470	3810	4920	6010	7910
	车辆总长	6450	8090	10170	11910	13650
	车辆总宽	2260	2440	2490	2550	2550

表 C.2　中大型客车的主要技术参数要求(续)

<table>
<tr><td rowspan="3">车辆总质量
重心位置/mm</td><td>距前轴中心的纵向距离
(容许误差±10%)</td><td>2140</td><td>2520</td><td>3270</td><td>3870</td><td>5100</td></tr>
<tr><td>距地面高度
(容许误差±10%)</td><td>1000</td><td>1200</td><td>1280</td><td>1280</td><td>1280</td></tr>
<tr><td>距纵向中心线的
横向距离</td><td>±90</td><td>±100</td><td>±100</td><td>±100</td><td>±100</td></tr>
</table>

C.3　中大型货车的主要技术参数

中大型货车的主要技术参数应符合表 C.3 的要求。

表 C.3　中大型货车的主要技术参数要求

<table>
<tr><td colspan="2" rowspan="2">车辆类型</td><td colspan="2">中型货车</td><td colspan="6">大型货车</td></tr>
<tr><td colspan="2">整体式货车</td><td colspan="2">整体式货车</td><td colspan="2">整体式货车</td><td colspan="2">鞍式列车</td></tr>
<tr><td colspan="2">轴数</td><td colspan="2">2</td><td colspan="2">3</td><td colspan="2">4</td><td colspan="2">6</td></tr>
<tr><td colspan="2">车辆总质量/kg</td><td>6000</td><td>10000</td><td>18000</td><td>25000</td><td>31000</td><td>40000</td><td>49000</td><td>55000</td></tr>
<tr><td colspan="2">整备质量/kg</td><td>2830±300</td><td>4450±500</td><td colspan="2">9050±1000</td><td colspan="2">11460±1000</td><td colspan="2">13520±1000</td></tr>
<tr><td rowspan="6">几何尺寸
(容许误差±15%)/mm</td><td>前轮轮距</td><td>1570</td><td>1730</td><td colspan="2">1930</td><td colspan="2">1950</td><td colspan="2">1960</td></tr>
<tr><td>车轮半径
(空载状态)</td><td>410</td><td>460</td><td colspan="2">500</td><td colspan="2">520</td><td colspan="2">520</td></tr>
<tr><td>轴距(最远轴间)</td><td>3380</td><td>3870</td><td colspan="2">6910</td><td colspan="2">7610</td><td colspan="2">13420</td></tr>
<tr><td>车辆总长</td><td>6210</td><td>7040</td><td colspan="2">11300</td><td colspan="2">11900</td><td colspan="2">16800</td></tr>
<tr><td>车辆总宽</td><td>2080</td><td>2290</td><td colspan="2">2470</td><td colspan="2">2490</td><td colspan="2">2500</td></tr>
<tr><td>货厢底板高度</td><td>1000</td><td>1080</td><td colspan="2">1250</td><td colspan="2">1250</td><td colspan="2">1480</td></tr>
<tr><td rowspan="2">配载
重心位置/mm</td><td>距地面高度
(容许误差±10%)</td><td>1310</td><td>1410</td><td colspan="2">1580</td><td colspan="2">1910</td><td colspan="2">1920</td></tr>
<tr><td>距纵向中心线的
横向距离</td><td>±100</td><td>±100</td><td colspan="2">±100</td><td colspan="2">±100</td><td colspan="2">±100</td></tr>
</table>

附　录　D
（规范性）
模型验证报告

D.1　封面格式

模型验证报告封面格式见图 D.1。

编号：

公路护栏安全性能仿真评价报告
模型验证

委托单位：__________

验证单位：　　（盖章）

批准日期：__________

图 D.1　模型验证报告封面格式

D.2 扉页格式

模型验证报告扉页格式见图 D.2。

注意事项

1. 报告每页都应盖有验证单位公章的骑缝章，否则视为无效；
2. 报告无编制人、审核人、批准人签字无效；
3. 报告涂改无效，复印件未加盖评价单位公章无效；
4. 报告结果只对送验模型有效。

图 D.2 模型验证报告扉页格式

D.3 模型验证报告提纲

D.3.1 车辆模型

软件类型及版本，车辆总质量、整备质量、总质量重心位置(客车)、配载重心位置(货车)、车辆尺寸(前轮轮距、空载状态车轮半径、最远轴间轴距、车辆总长、车辆总宽等)、单元类型和数量、节点数量、整车模型图片等。

D. 3. 2 验证内容

验证内容应包含下列内容。

a） 零部件测试，主要指悬架负载测试，加载方式包括：每个车轮单独施加载荷；前悬车轮和后悬车轮分别施加对称载荷；前悬车轮和后悬车轮分别施加非对称载荷。每项测试结果提供：悬架运动的动画、载荷传递至车轮的载荷-位移曲线、车轮轮心位移随时间变化的曲线。测试结果须正确、合理。

b） 整车测试，包括：

1） 线形/环形轨迹测试，包括：线形轨迹测试，环形轨迹测试。每项测试结果提供：加速度随时间变化曲线、动能随时间变化曲线、总能量随时间变化曲线。测试结果须正确、合理。

2） 过减速带测试，包括：前悬车轮过减速带测试；后悬车轮过减速带测试；右前悬车轮过减速带测试；左前悬车轮过减速带测试；右后悬车轮过减速带测试；左后悬车轮过减速带测试。每项测试结果提供：加速度随时间变化曲线、动能随时间变化曲线、总能量随时间变化曲线。测试结果须正确、合理。

3） 刚性墙碰撞测试，测试结果提供：加速度随时间变化曲线、动能随时间变化曲线、总能量随时间变化曲线。测试结果须正确、合理。

c） 护栏碰撞测试，将仿真结果与实车足尺碰撞试验进行对比，具体内容如下：

1） 碰撞后护栏变形对比，以图片形式。

2） 车辆模型运行轨迹对比，以图片形式。

d） 仿真与实车试验结果指标对比见表 D. 1。

表 D. 1 仿真与实车试验结果指标对比

序号	仿真与实车足尺碰撞试验结果对比		比较结果
1	阻挡功能	是否与试验结果一致	是/否
2	导向功能	是否与试验结果一致	是/否
3	车轮脱落	是否与试验结果一致	是/否
4	护栏纵向连接构件失效	是否与试验结果一致	是/否
5	护栏最大横向动态位移外延值（*W*）	是否在允许误差范围±（0. 05m+0. 1×试验值）	是/否
		时差<0. 05s	是/否
6	车辆最大动态外倾值（VI）	是否在允许误差范围±（0. 05m+0. 1×试验值）	是/否
		时差<0. 05s	是/否
7	小型客车乘员碰撞速度（OIV）	是否在允许误差范围±（0. 83m/s+0. 1×试验值）	是/否
		时差<0. 05s	是/否
8	小型客车乘员碰撞后加速度（ORA）	是否在允许误差范围±（$10m/s^2$+ 0. 1×试验值）	是/否
注：若仿真模拟与实车足尺碰撞试验结果一致，则勾选“是”，表示符合标准。			

D. 3. 3 验证结论

验证结论应包含：

a） 模型验证计算的有效性：根据表 D. 2 给出模型验证是否有效的结论。

表 D.2 模型验证的有效性判定准则

判定准则	比较结果
验证计算结果物理形态变化合理	是/否
总能量的变化不超过 5%	是/否
沙漏能量小于总能量的 5%	是/否
增加质量小于总质量的 5%	是/否
无节点飞出	是/否
无负体积单元	是/否
注：“节点飞出”是指因模型异常导致节点速度无穷大而呈现飞出的现象。	

b） 结论：根据仿真验证结果，给出模型是否准确、可靠的结论。

附 录 E
(规范性)
结构安全性能仿真评价报告

E.1 封面格式

结构安全性能仿真评价报告封面格式见图 E.1。

编号:

公路护栏安全性能仿真评价报告
结构安全性能仿真评价

样品名称:＿＿＿＿＿＿＿＿＿＿
委托单位:＿＿＿＿＿＿＿＿＿＿
评价单位:　　(盖章)　　
批准日期:＿＿＿＿＿＿＿＿＿＿

图 E.1 结构安全性能仿真评价报告封面格式

E.2 扉页格式

结构安全性能仿真评价报告扉页格式见图 E.2。

注意事项

1. 报告每页都应盖有评价单位公章的骑缝章，否则视为无效；
2. 报告无编制人、审核人、批准人签字无效；
3. 报告涂改无效，复印件未加盖评价单位公章无效；
4. 报告结果只对送评护栏有效。

图 E.2　结构安全性能仿真评价报告扉页格式

E.3 结构安全性能仿真评价报告提纲

E.3.1 概述

评价依据、护栏形式、护栏名称、护栏防护等级及碰撞条件、仿真软件名称和版本等。

E.3.2 护栏模型

护栏设计图纸、基础类型及边界条件、设置长度、材料型号和性能指标、节点数量、单元类型和数量、护栏模型图片等。

E.3.3 车辆模型

车辆技术参数(总质量、整备质量、几何尺寸、重心位置、轮胎气压和配载情况等)、模型验证报告、车辆模型图片等。

E.3.4 仿真结果

仿真结果应包含下列内容。

a) 仿真碰撞条件：碰撞速度、碰撞角度以及碰撞点位置的数据。

b) 仿真测试指标与分析：

  1) 车辆碰撞护栏过程动画。

  2) 护栏的损坏情况图片和车辆轮迹图片。

  3) 护栏标准段、护栏过渡段和中央分隔带开口护栏的护栏最大横向动态变形值，护栏最大横向动态位移外延值，车辆最大动态外倾值和车辆最大动态外倾当量值。

  4) 小型客车重心位置加速度曲线以及乘员碰撞速度和乘员碰撞后加速度的曲线图。

  5) 车辆轮迹越出驶出框图时刻的车辆重心处速度值(护栏端头和防撞垫)。

  6) 质量大于 2kg 的护栏端头脱离件和防撞垫脱离件的散落情况图片。

  7) 护栏端头和防撞垫的残余变形图。

  8) 护栏构件及其脱离件侵入车辆成员舱情况图片。

  9) 护栏端部锚固的受力变形图。

  10) 护栏脱离件的材质、尺寸、质量和散落位置。

  11) 车辆乘员舱变形图片。

E.3.5 仿真结论

仿真结论应包含下列内容。

a) 评价的有效性：根据表 E.1 给出评价是否有效的结论。

表 E.1 结构安全性能仿真评价的有效性判定准则

判定准则	比较结果
验证计算结果物理形态变化合理	是/否
总能量的变化不超过 5%	是/否
沙漏能量小于总能量的 5%	是/否
增加质量小于总质量的 5%	是/否
无节点飞出	是/否
无负体积单元	是/否
注：“节点飞出”是指因模型异常导致节点速度无穷大而呈现飞出的现象。	

b) 安全性能仿真评价结论：根据仿真计算结果，按照对应的护栏结构类别，给出护栏结构安全性能仿真评价结论(参考表 7)。

E.4 结构安全性能仿真评价简表

结构安全性能仿真评价简表按适用类型，分别采用表 E.2、表 E.3、表 E.4。

表 E.2 护栏结构安全性能仿真评价简表(一)
(本表适用于护栏标准段、护栏过渡段和中央分隔带开口护栏)

<table>
<tr><td colspan="3">评价样品名称</td><td colspan="3"></td><td colspan="2">委托单位</td><td></td></tr>
<tr><td colspan="3">评价样品结构类别</td><td colspan="3">J1/J2/J3/J4</td><td colspan="2">评价样品设计图纸</td><td>见附件</td></tr>
<tr><td colspan="3">评价依据</td><td colspan="3">《公路护栏安全性能仿真评价技术规程》(T/GDHS 001—2020)</td><td colspan="2">评价方法</td><td>仿真技术方法</td></tr>
<tr><td rowspan="3">碰撞条件</td><td colspan="2">碰撞车型</td><td>车辆总质量/t</td><td colspan="2">碰撞速度/(km/h)</td><td colspan="2">碰撞角度/°</td><td>碰撞能量/kJ</td></tr>
<tr><td colspan="2"></td><td></td><td colspan="2"></td><td colspan="2"></td><td></td></tr>
<tr><td colspan="2"></td><td></td><td colspan="2"></td><td colspan="2"></td><td></td></tr>
<tr><td colspan="3" rowspan="2">评价项目</td><td colspan="2">小型客车</td><td colspan="2">大中型客车
(包括特大型客车)</td><td colspan="2">大中型货车</td></tr>
<tr><td>评价结果</td><td>是否合格</td><td>评价结果</td><td>是否合格</td><td>评价结果</td><td>是否合格</td></tr>
<tr><td rowspan="2">阻挡功能</td><td colspan="2">车辆是否穿越、翻越和骑跨评价样品</td><td></td><td></td><td></td><td></td><td></td><td></td></tr>
<tr><td colspan="2">评价样品构件及其脱离碎片是否侵入车辆乘员舱</td><td></td><td></td><td></td><td></td><td></td><td></td></tr>
<tr><td rowspan="2">导向功能</td><td colspan="2">车辆碰撞后是否翻车</td><td></td><td></td><td></td><td></td><td></td><td></td></tr>
<tr><td colspan="2">车辆碰撞后的轮迹是否满足导向驶出框要求</td><td></td><td></td><td></td><td></td><td></td><td></td></tr>
<tr><td rowspan="4">缓冲功能</td><td rowspan="2">乘员碰撞速度/(m/s)</td><td>纵向</td><td></td><td></td><td>—</td><td>—</td><td>—</td><td>—</td></tr>
<tr><td>横向</td><td></td><td></td><td>—</td><td>—</td><td>—</td><td>—</td></tr>
<tr><td rowspan="2">乘员碰撞后加速度/(m/s^2)</td><td>纵向</td><td></td><td></td><td>—</td><td>—</td><td>—</td><td>—</td></tr>
<tr><td>横向</td><td></td><td></td><td>—</td><td>—</td><td>—</td><td>—</td></tr>
<tr><td colspan="3">护栏最大横向动态变形值(D)</td><td colspan="2"></td><td colspan="2"></td><td colspan="2"></td></tr>
<tr><td colspan="3">护栏最大横向动态位移外延值(W)</td><td colspan="2"></td><td colspan="2"></td><td colspan="2"></td></tr>
<tr><td colspan="3">车辆最大动态外倾值(VI)</td><td colspan="2">—</td><td colspan="2"></td><td colspan="2"></td></tr>
<tr><td colspan="3">车辆最大动态外倾当量值(VI_n)</td><td colspan="2">—</td><td colspan="2"></td><td colspan="2"></td></tr>
<tr><td colspan="3">评价结果是否优于或等同于规范规定护栏结构/通过碰撞试验护栏结构</td><td colspan="2"></td><td colspan="2"></td><td colspan="2"></td></tr>
<tr><td colspan="3">评价结论</td><td colspan="6">(按照本文件表 7 的规定给出评价结论)</td></tr>
<tr><td colspan="3">评价单位</td><td colspan="6">(盖章)
年 月 日</td></tr>
<tr><td>编制</td><td colspan="2">(签字)</td><td>审核</td><td colspan="2">(签字)</td><td>批准</td><td colspan="2">(签字)</td></tr>
</table>

表 E.3　护栏结构安全性能仿真评价简表(二)
(本表适用于护栏端头)

<table>
<tr><td colspan="3">评价样品名称</td><td colspan="5"></td><td colspan="3">委托单位</td><td colspan="2"></td></tr>
<tr><td colspan="3">评价样品结构类别</td><td colspan="5">J1/J2/J3/J4</td><td colspan="3">评价样品设计图纸</td><td colspan="2">见附件</td></tr>
<tr><td colspan="3">评价依据</td><td colspan="5">《公路护栏安全性能仿真评价技术规程》(T/GDHS 001—2020)</td><td colspan="3">评价方法</td><td colspan="2">仿真技术方法</td></tr>
<tr><td colspan="3" rowspan="5">碰撞条件</td><td colspan="3">碰撞车型</td><td colspan="2">车辆总质量/t</td><td colspan="3">碰撞速度/(km/h)</td><td colspan="2">碰撞角度/°</td></tr>
<tr><td colspan="3"></td><td colspan="2"></td><td colspan="3"></td><td colspan="2"></td></tr>
<tr><td colspan="3"></td><td colspan="2"></td><td colspan="3"></td><td colspan="2"></td></tr>
<tr><td colspan="3"></td><td colspan="2"></td><td colspan="3"></td><td colspan="2"></td></tr>
<tr><td colspan="3"></td><td colspan="2"></td><td colspan="3"></td><td colspan="2"></td></tr>
<tr><td colspan="3" rowspan="2">评价项目</td><td colspan="2">正碰</td><td colspan="2">斜碰</td><td colspan="2">偏碰</td><td colspan="2">正向侧碰</td><td colspan="2">反向侧碰(可选)</td></tr>
<tr><td>评价结果</td><td>是否合格</td><td>评价结果</td><td>是否合格</td><td>评价结果</td><td>是否合格</td><td>评价结果</td><td>是否合格</td><td>评价结果</td><td>是否合格</td></tr>
<tr><td rowspan="3">阻挡功能</td><td colspan="2">车辆是否穿越、翻越和骑跨评价样品</td><td>—</td><td>—</td><td>—</td><td>—</td><td>—</td><td>—</td><td></td><td></td><td>—</td><td>—</td></tr>
<tr><td colspan="2">评价样品构件及其脱离碎片是否侵入车辆乘员舱</td><td></td><td></td><td></td><td></td><td></td><td></td><td></td><td></td><td></td><td></td></tr>
<tr><td colspan="2">大于 2 kg 的评价样品脱离构件散落位置是否满足要求</td><td></td><td></td><td></td><td></td><td></td><td></td><td></td><td></td><td></td><td></td></tr>
<tr><td rowspan="2">导向功能</td><td colspan="2">车辆碰撞后是否翻车</td><td></td><td></td><td></td><td></td><td></td><td></td><td></td><td></td><td></td><td></td></tr>
<tr><td colspan="2">车辆碰撞后的轮迹是否满足导向驶出框要求</td><td></td><td></td><td></td><td></td><td></td><td></td><td></td><td></td><td></td><td></td></tr>
<tr><td rowspan="4">缓冲功能</td><td rowspan="2">乘员碰撞速度/(m/s)</td><td>纵向</td><td></td><td></td><td></td><td></td><td></td><td></td><td></td><td></td><td></td><td></td></tr>
<tr><td>横向</td><td></td><td></td><td></td><td></td><td></td><td></td><td></td><td></td><td></td><td></td></tr>
<tr><td rowspan="2">乘员碰撞后加速度/(m/s^2)</td><td>纵向</td><td></td><td></td><td></td><td></td><td></td><td></td><td></td><td></td><td></td><td></td></tr>
<tr><td>横向</td><td></td><td></td><td></td><td></td><td></td><td></td><td></td><td></td><td></td><td></td></tr>
<tr><td colspan="3">评价结果是否优于或等同于规范规定护栏结构/通过碰撞试验护栏结构</td><td colspan="10"></td></tr>
<tr><td colspan="3">评价结论</td><td colspan="10">(按照本文件表 7 的规定给出评价结论)</td></tr>
<tr><td colspan="3">评价单位</td><td colspan="10">(盖章)
年　月　日</td></tr>
<tr><td colspan="2">编制</td><td colspan="2">(签字)</td><td colspan="2">审核</td><td colspan="3">(签字)</td><td colspan="2">批准</td><td colspan="2">(签字)</td></tr>
</table>

表 E.4　护栏结构安全性能仿真评价简表(三)
(本表适用于防撞垫)

<table>
<tr><td colspan="3">评价样品名称</td><td colspan="5"></td><td colspan="2">委托单位</td><td colspan="3"></td></tr>
<tr><td colspan="3">评价样品结构类别</td><td colspan="5">J1/J2/J3/J4</td><td colspan="2">评价样品设计图纸</td><td colspan="3">见附件</td></tr>
<tr><td colspan="3">评价依据</td><td colspan="5">《公路护栏安全性能仿真评价技术规程》(T/GDHS 001—2020)</td><td colspan="2">评价方法</td><td colspan="3">仿真技术方法</td></tr>
<tr><td colspan="3" rowspan="3">碰撞条件</td><td colspan="3">碰撞车型</td><td colspan="2">车辆总质量/t</td><td colspan="2">碰撞速度/(km/h)</td><td colspan="3">碰撞角度/°</td></tr>
<tr><td colspan="3"></td><td colspan="2"></td><td colspan="2"></td><td colspan="3"></td></tr>
<tr><td colspan="3"></td><td colspan="2"></td><td colspan="2"></td><td colspan="3"></td></tr>
<tr><td colspan="3" rowspan="2">评价项目</td><td colspan="2">正碰</td><td colspan="2">斜碰</td><td colspan="2">偏碰</td><td colspan="2">正向侧碰</td><td colspan="2">反向侧碰
(可选)</td></tr>
<tr><td>评价结果</td><td>是否合格</td><td>评价结果</td><td>是否合格</td><td>评价结果</td><td>是否合格</td><td>评价结果</td><td>是否合格</td><td>评价结果</td><td>是否合格</td></tr>
<tr><td rowspan="2">阻挡功能</td><td colspan="2">评价样品构件及其脱离碎片是否侵入车辆乘员舱</td><td>—</td><td>—</td><td>—</td><td>—</td><td>—</td><td>—</td><td></td><td></td><td>—</td><td>—</td></tr>
<tr><td colspan="2">大于 2kg 的评价样品脱离构件散落位置是否满足要求</td><td></td><td></td><td></td><td></td><td></td><td></td><td></td><td></td><td></td><td></td></tr>
<tr><td rowspan="2">导向功能</td><td colspan="2">车辆碰撞后是否翻车</td><td></td><td></td><td></td><td></td><td></td><td></td><td></td><td></td><td></td><td></td></tr>
<tr><td colspan="2">车辆碰撞后的轮迹是否满足导向驶出框要求</td><td></td><td></td><td></td><td></td><td></td><td></td><td></td><td></td><td></td><td></td></tr>
<tr><td rowspan="4">缓冲功能</td><td rowspan="2">乘员碰撞速度/(m/s)</td><td>纵向</td><td></td><td></td><td></td><td></td><td></td><td></td><td></td><td></td><td></td><td></td></tr>
<tr><td>横向</td><td></td><td></td><td></td><td></td><td></td><td></td><td></td><td></td><td></td><td></td></tr>
<tr><td rowspan="2">乘员碰撞后加速度/(m/s^2)</td><td>纵向</td><td></td><td></td><td></td><td></td><td></td><td></td><td></td><td></td><td></td><td></td></tr>
<tr><td>横向</td><td></td><td></td><td></td><td></td><td></td><td></td><td></td><td></td><td></td><td></td></tr>
<tr><td colspan="3">评价结果是否优于或等同于规范规定护栏结构/通过碰撞试验护栏结构</td><td colspan="10"></td></tr>
<tr><td colspan="3">评价结论</td><td colspan="10">(按照本文件表 7 的规定给出评价结论)</td></tr>
<tr><td colspan="3">评价单位</td><td colspan="10">(盖章)
年　月　日</td></tr>
<tr><td colspan="2">编制</td><td colspan="2">(签字)</td><td colspan="2">审核</td><td colspan="2">(签字)</td><td colspan="2">批准</td><td colspan="3">(签字)</td></tr>
</table>

F.3.2 护栏模型

护栏及相关构造物设计图纸、基础类型及边界条件、设置长度、材料型号和性能指标、节点数量、单元类型和数量、护栏模型图片等。

F.3.3 车辆模型

车辆技术参数(总质量、整备质量、几何尺寸、重心位置、轮胎气压和配载情况等)、模型验证报告、车辆模型图片等。

F.3.4 仿真结果

仿真结果应包含下列内容。

a) 仿真碰撞条件：碰撞速度、碰撞角度以及碰撞点位置的数据。

b) 仿真测试指标与分析：

   1) 车辆碰撞护栏过程动画。

   2) 护栏和其他构造物的损坏情况图片和车辆轮迹图片。

   3) 与公路护栏结构安全性能仿真评价中阻挡功能优劣对比。

   4) 与公路护栏结构安全性能仿真评价中导向功能优劣对比。

   5) 与公路护栏结构安全性能仿真评价中缓冲功能优劣对比。

   6) 与公路护栏结构安全性能仿真评价中护栏最大横向动态变形值、护栏最大横向动态位移外延值、车辆最大动态外倾值和车辆最大动态外倾当量值四个指标优劣对比。

F.3.5 仿真结论

仿真结论应包含下列内容。

a) 评价的有效性：根据表 F.1 给出评价是否有效的结论。

表 F.1 公路适应性能仿真评价的有效性判定准则

判定准则	比较结果
验证计算结果物理形态变化合理	是/否
总能量的变化不超过 5%	是/否
沙漏能量小于总能量的 5%	是/否
增加质量小于总质量的 5%	是/否
无节点飞出	是/否
无负体积单元	是/否
注：“节点飞出”是指因模型异常导致节点速度无穷大而呈现飞出的现象。	

b) 安全性能仿真评价结论：根据与公路护栏结构安全性能仿真评价中的阻挡功能、缓冲功能和导向功能等评价指标优劣对比，以及对公路沿线设施的影响程度，给出护栏公路适应性能仿真评价结论(参考表 9)。

F.4 公路适应性能仿真评价简表

公路适应性能仿真评价简表按适用类型，分别采用表 F.2、F.3、F.4。

表 F.2　护栏公路适应性能仿真评价简表(一)

(本表适用于护栏标准段、护栏过渡段和中央分隔带开口护栏)

<table>
<tr><td colspan="3">评价样品名称</td><td colspan="3"></td><td colspan="2">委托单位</td><td></td></tr>
<tr><td colspan="3">评价样品设计图纸</td><td colspan="6">见附件</td></tr>
<tr><td colspan="3">评价依据</td><td colspan="3">《公路护栏安全性能仿真评价技术规程》
(T/GDHS 001—2020)</td><td colspan="2">评价方法</td><td>仿真技术方法</td></tr>
<tr><td colspan="3" rowspan="3">碰撞条件</td><td>碰撞车型</td><td>车辆总质量/t</td><td colspan="2">碰撞速度/(km/h)</td><td>碰撞角度/°</td><td>碰撞能量/kJ</td></tr>
<tr><td></td><td></td><td colspan="2"></td><td></td><td></td></tr>
<tr><td></td><td></td><td colspan="2"></td><td></td><td></td></tr>
<tr><td colspan="3" rowspan="2">评价项目</td><td colspan="2">小型客车</td><td colspan="2">大中型客车
(包括特大型客车)</td><td colspan="2">大中型货车</td></tr>
<tr><td>评价
结果</td><td>是否
合格</td><td>评价
结果</td><td>是否
合格</td><td>评价
结果</td><td>是否
合格</td></tr>
<tr><td rowspan="2">阻挡
功能</td><td colspan="2">车辆是否穿越、翻越和骑跨评价样品</td><td></td><td></td><td></td><td></td><td></td><td></td></tr>
<tr><td colspan="2">评价样品构件及其脱离碎片是否侵入车辆乘员舱</td><td></td><td></td><td></td><td></td><td></td><td></td></tr>
<tr><td rowspan="2">导向
功能</td><td colspan="2">车辆碰撞后是否翻车</td><td></td><td></td><td></td><td></td><td></td><td></td></tr>
<tr><td colspan="2">车辆碰撞后的轮迹是否满足导向驶出框要求</td><td></td><td></td><td></td><td></td><td></td><td></td></tr>
<tr><td rowspan="4">缓冲
功能</td><td rowspan="2">乘员碰撞速度/(m/s)</td><td>纵向</td><td></td><td></td><td>—</td><td>—</td><td>—</td><td>—</td></tr>
<tr><td>横向</td><td></td><td></td><td>—</td><td>—</td><td>—</td><td>—</td></tr>
<tr><td rowspan="2">乘员碰撞后加速度/(m/s^2)</td><td>纵向</td><td></td><td></td><td>—</td><td>—</td><td>—</td><td>—</td></tr>
<tr><td>横向</td><td></td><td></td><td>—</td><td>—</td><td>—</td><td>—</td></tr>
<tr><td colspan="3">护栏最大横向动态变形值(D)</td><td colspan="2"></td><td colspan="2"></td><td></td><td></td></tr>
<tr><td colspan="3">护栏最大横向动态位移外延值(W)</td><td colspan="2"></td><td colspan="2"></td><td></td><td></td></tr>
<tr><td colspan="3">车辆最大动态外倾值(VI)</td><td colspan="2">—</td><td colspan="2"></td><td></td><td></td></tr>
<tr><td colspan="3">车辆最大动态外倾当量值(VI_n)</td><td colspan="2">—</td><td colspan="2"></td><td></td><td></td></tr>
<tr><td colspan="3">评价结果是否优于或等同于结构安全性能仿真评价指标</td><td colspan="6"></td></tr>
<tr><td colspan="3">对公路沿线设施的影响程度</td><td colspan="6"></td></tr>
<tr><td colspan="3">评价结论</td><td colspan="6">(按照本文件表 9 的规定给出评价结论)</td></tr>
<tr><td colspan="3">评价单位</td><td colspan="6">(盖章)
年　月　日</td></tr>
<tr><td>编制</td><td colspan="2">(签字)</td><td>审核</td><td colspan="2">(签字)</td><td>批准</td><td colspan="2">(签字)</td></tr>
</table>

表 F.3 护栏公路适应性能仿真评价简表(二)

(本表适用于护栏端头)

<table>
<tr><td colspan="3">评价样品名称</td><td colspan="5"></td><td colspan="3">委托单位</td><td colspan="2"></td></tr>
<tr><td colspan="3">评价样品设计图纸</td><td colspan="10">见附件</td></tr>
<tr><td colspan="3">评价依据</td><td colspan="5">《公路护栏安全性能仿真评价技术规程》
(T/GDHS 001—2020)</td><td colspan="3">评价方法</td><td colspan="2">仿真技术方法</td></tr>
<tr><td colspan="3" rowspan="3">碰撞条件</td><td colspan="3">碰撞车型</td><td colspan="2">车辆总质量/t</td><td colspan="3">碰撞速度/(km/h)</td><td colspan="2">碰撞角度/°</td></tr>
<tr><td colspan="3"></td><td colspan="2"></td><td colspan="3"></td><td colspan="2"></td></tr>
<tr><td colspan="3"></td><td colspan="2"></td><td colspan="3"></td><td colspan="2"></td></tr>
<tr><td colspan="3" rowspan="2">评价项目</td><td colspan="2">正碰</td><td colspan="2">斜碰</td><td colspan="2">偏碰</td><td colspan="2">正向侧碰</td><td colspan="2">反向侧碰
(可选)</td></tr>
<tr><td>评价结果</td><td>是否合格</td><td>评价结果</td><td>是否合格</td><td>评价结果</td><td>是否合格</td><td>评价结果</td><td>是否合格</td><td>评价结果</td><td>是否合格</td></tr>
<tr><td rowspan="3">阻挡功能</td><td colspan="2">车辆是否穿越、翻越和骑跨评价样品</td><td>—</td><td>—</td><td>—</td><td>—</td><td>—</td><td>—</td><td></td><td></td><td>—</td><td>—</td></tr>
<tr><td colspan="2">评价样品构件及其脱离碎片是否侵入车辆乘员舱</td><td></td><td></td><td></td><td></td><td></td><td></td><td></td><td></td><td></td><td></td></tr>
<tr><td colspan="2">大于 2kg 的评价样品脱离构件散落位置是否满足要求</td><td></td><td></td><td></td><td></td><td></td><td></td><td></td><td></td><td></td><td></td></tr>
<tr><td rowspan="2">导向功能</td><td colspan="2">车辆碰撞后是否翻车</td><td></td><td></td><td></td><td></td><td></td><td></td><td></td><td></td><td></td><td></td></tr>
<tr><td colspan="2">车辆碰撞后的轮迹是否满足导向驶出框要求</td><td></td><td></td><td></td><td></td><td></td><td></td><td></td><td></td><td></td><td></td></tr>
<tr><td rowspan="4">缓冲功能</td><td rowspan="2">乘员碰撞速度/(m/s)</td><td>纵向</td><td></td><td></td><td></td><td></td><td></td><td></td><td></td><td></td><td></td><td></td></tr>
<tr><td>横向</td><td></td><td></td><td></td><td></td><td></td><td></td><td></td><td></td><td></td><td></td></tr>
<tr><td rowspan="2">乘员碰撞后加速度/(m/s^2)</td><td>纵向</td><td></td><td></td><td></td><td></td><td></td><td></td><td></td><td></td><td></td><td></td></tr>
<tr><td>横向</td><td></td><td></td><td></td><td></td><td></td><td></td><td></td><td></td><td></td><td></td></tr>
<tr><td colspan="3">评价结果是否优于或等同于结构安全性能仿真评价指标</td><td colspan="10"></td></tr>
<tr><td colspan="3">对公路沿线设施的影响程度</td><td colspan="10"></td></tr>
<tr><td colspan="3">评价结论</td><td colspan="10">(按照本文件表 9 的规定给出评价结论)</td></tr>
<tr><td colspan="3">评价单位</td><td colspan="10">(盖章)
年 月 日</td></tr>
<tr><td>编制</td><td colspan="3">(签字)</td><td colspan="2">审核</td><td colspan="3">(签字)</td><td colspan="2">批准</td><td colspan="2">(签字)</td></tr>
</table>

表 F.4 护栏公路适应性能仿真评价简表(三)
(本表适用于防撞垫)

<table>
<tr><td colspan="3">评价样品名称</td><td colspan="5"></td><td colspan="2">委托单位</td><td colspan="3"></td></tr>
<tr><td colspan="3">评价样品设计图纸</td><td colspan="10">见附件</td></tr>
<tr><td colspan="3">评价依据</td><td colspan="5">《公路护栏安全性能仿真评价技术规程》(T/GDHS 001—2020)</td><td colspan="2">评价方法</td><td colspan="3">仿真技术方法</td></tr>
<tr><td colspan="3" rowspan="3">碰撞条件</td><td colspan="3">碰撞车型</td><td colspan="2">车辆总质量/t</td><td colspan="2">碰撞速度/(km/h)</td><td colspan="3">碰撞角度/°</td></tr>
<tr><td colspan="3"></td><td colspan="2"></td><td colspan="2"></td><td colspan="3"></td></tr>
<tr><td colspan="3"></td><td colspan="2"></td><td colspan="2"></td><td colspan="3"></td></tr>
<tr><td colspan="3" rowspan="2">评价项目</td><td colspan="2">正碰</td><td colspan="2">斜碰</td><td colspan="2">偏碰</td><td colspan="2">正向侧碰</td><td colspan="2">反向侧碰(可选)</td></tr>
<tr><td>评价结果</td><td>是否合格</td><td>评价结果</td><td>是否合格</td><td>评价结果</td><td>是否合格</td><td>评价结果</td><td>是否合格</td><td>评价结果</td><td>是否合格</td></tr>
<tr><td rowspan="2">阻挡功能</td><td colspan="2">评价样品构件及其脱离碎片是否侵入车辆乘员舱</td><td>—</td><td>—</td><td>—</td><td>—</td><td>—</td><td>—</td><td></td><td></td><td>—</td><td>—</td></tr>
<tr><td colspan="2">大于2kg的评价样品脱离构件散落位置是否满足要求</td><td></td><td></td><td></td><td></td><td></td><td></td><td></td><td></td><td></td><td></td></tr>
<tr><td rowspan="2">导向功能</td><td colspan="2">车辆碰撞后是否翻车</td><td></td><td></td><td></td><td></td><td></td><td></td><td></td><td></td><td></td><td></td></tr>
<tr><td colspan="2">车辆碰撞后的轮迹是否满足导向驶出框要求</td><td></td><td></td><td></td><td></td><td></td><td></td><td></td><td></td><td></td><td></td></tr>
<tr><td rowspan="4">缓冲功能</td><td rowspan="2">乘员碰撞速度/(m/s)</td><td>纵向</td><td></td><td></td><td></td><td></td><td></td><td></td><td></td><td></td><td></td><td></td></tr>
<tr><td>横向</td><td></td><td></td><td></td><td></td><td></td><td></td><td></td><td></td><td></td><td></td></tr>
<tr><td rowspan="2">乘员碰撞后加速度/(m/s^2)</td><td>纵向</td><td></td><td></td><td></td><td></td><td></td><td></td><td></td><td></td><td></td><td></td></tr>
<tr><td>横向</td><td></td><td></td><td></td><td></td><td></td><td></td><td></td><td></td><td></td><td></td></tr>
<tr><td colspan="3">评价结果是否优于或等同于结构安全性能仿真评价指标</td><td colspan="10"></td></tr>
<tr><td colspan="3">对公路沿线设施的影响程度</td><td colspan="10"></td></tr>
<tr><td colspan="3">评价结论</td><td colspan="10">(按照本文件表9的规定给出评价结论)</td></tr>
<tr><td colspan="3">评价单位</td><td colspan="10">(盖章)
年 月 日</td></tr>
<tr><td>编制</td><td colspan="2">(签字)</td><td colspan="2">审核</td><td colspan="3">(签字)</td><td colspan="2">批准</td><td colspan="3">(签字)</td></tr>
</table>

附　录　G
(规范性)
车辆乘员适应性能仿真评价报告

G.1　封面格式

车辆乘员适应性能仿真评价报告封面格式见图 G.1。

编号：

公路护栏安全性能仿真评价报告
车辆乘员适应性能仿真评价

样品名称：________________
委托单位：________________
评价单位：　　（盖章）　　
批准日期：________________

图 G.1　车辆乘员适应性能仿真评价报告封面格式

G.2 扉页格式

车辆乘员适应性能仿真评价报告扉页格式见图 G.2。

注意事项

1. 报告每页都应盖有评价单位公章的骑缝章，否则视为无效；
2. 报告无编制人、审核人、批准人签字无效；
3. 报告涂改无效，复印件未加盖评价单位公章无效；
4. 报告结果只对送评护栏有效。

图 G.2 车辆乘员适应性能仿真评价报告扉页格式

G.3 车辆乘员适应性能仿真评价报告提纲

G.3.1 概述

评价依据、护栏形式、护栏名称、护栏防护等级及碰撞条件、仿真软件名称和版本等。

G.3.2 护栏模型

护栏设计图纸、基础类型及边界条件、设置长度、材料型号和性能指标、节点数量、单元类型和数量、护栏模型图片等。

G.3.3 车辆模型

车辆技术参数(总质量、整备质量、几何尺寸、重心位置、轮胎气压和配载情况等)、假人总质量、模型验证报告、车辆模型图片、假人模型图片等。

G.3.4 仿真结果

仿真结果应包含下列内容。

a) 仿真碰撞条件：碰撞速度、碰撞角度以及碰撞点位置的数据。

b) 仿真测试指标与分析：

  1) 车辆碰撞护栏过程动画、假人姿态变化动画。
  2) 护栏的损坏情况图片和车辆轮迹图片。
  3) 护栏标准段、护栏过渡段和中央分隔带开口护栏的护栏最大横向动态变形值、护栏最大横向动态位移外延值、车辆最大动态外倾值和车辆最大动态外倾当量值。
  4) 假人头部性能指标、胸部压缩指标、大腿压缩力指标。
  5) 质量大于 2kg 的护栏端头脱离件和防撞垫脱离件的散落情况图片。
  6) 护栏端头和防撞垫的残余变形图。
  7) 护栏构件及其脱离件侵入车辆成员舱情况图片。
  8) 护栏端部锚固的受力变形图。
  9) 护栏脱离件的材质、尺寸、质量和散落位置。
  10) 车辆乘员舱变形图片。

G.3.5 仿真结论

仿真结论应包含下列内容。

a) 评价的有效性：根据表 G.1 给出评价是否有效的结论。

表 G.1 车辆乘员适应性能仿真评价的有效性判定准则

判定准则	比较结果
验证计算结果物理形态变化合理	是/否
总能量的变化不超过 5%	是/否
沙漏能量小于总能量的 5%	是/否
增加质量小于总质量的 5%	是/否
无节点飞出	是/否
无负体积单元	是/否
注：“节点飞出”是指因模型异常导致节点速度无穷大而呈现飞出的现象。	

b) 安全性能仿真评价结论：根据阻挡功能、缓冲功能和导向功能评价指标的仿真结果，给出护栏的车辆乘员适应性能仿真评价结论(参考表 10)。

G.4 车辆乘员适应性能仿真评价简表

护栏车辆乘员适应性能仿真评价简表按适用类型，分别采用表 G.2、表 G.3、表 G.4。

表 G.2　护栏车辆乘员适应性能仿真评价简表(一)
(本表适用于护栏标准段、护栏过渡段和中央分隔带开口护栏)

<table>
<tr><td colspan="2">评价样品名称</td><td colspan="3"></td><td colspan="2">委托单位</td><td></td></tr>
<tr><td colspan="2">评价样品设计图纸</td><td colspan="6">见附件</td></tr>
<tr><td colspan="2">评价依据</td><td colspan="3">《公路护栏安全性能仿真评价技术规程》(T/GDHS 001—2020)</td><td colspan="2">评价方法</td><td>仿真技术方法</td></tr>
<tr><td colspan="2" rowspan="3">碰撞条件</td><td>碰撞车型</td><td>车辆总质量/t</td><td colspan="2">碰撞速度/(km/h)</td><td>碰撞角度°</td><td>碰撞能量/kJ</td></tr>
<tr><td></td><td></td><td colspan="2"></td><td></td><td></td></tr>
<tr><td></td><td></td><td colspan="2"></td><td></td><td></td></tr>
<tr><td colspan="2" rowspan="2">评价项目</td><td colspan="2">车型 1</td><td colspan="2">车型 2</td><td colspan="2">车型×</td></tr>
<tr><td>评价结果</td><td>是否合格</td><td>评价结果</td><td>是否合格</td><td>评价结果</td><td>是否合格</td></tr>
<tr><td rowspan="2">阻挡功能</td><td>车辆是否穿越、翻越和骑跨评价样品</td><td></td><td></td><td></td><td></td><td></td><td></td></tr>
<tr><td>评价样品构件及其脱离碎片是否侵入车辆乘员舱</td><td></td><td></td><td></td><td></td><td></td><td></td></tr>
<tr><td rowspan="2">导向功能</td><td>车辆碰撞后是否翻车</td><td></td><td></td><td></td><td></td><td></td><td></td></tr>
<tr><td>车辆碰撞后的轮迹是否满足导向驶出框要求</td><td></td><td></td><td></td><td></td><td></td><td></td></tr>
<tr><td rowspan="3">缓冲功能</td><td>假人头部性能指标(HPC)</td><td></td><td></td><td></td><td></td><td></td><td></td></tr>
<tr><td>假人胸部压缩指标(ThCC)</td><td></td><td></td><td></td><td></td><td></td><td></td></tr>
<tr><td>假人大腿压缩力指标(FFC)</td><td></td><td></td><td></td><td></td><td></td><td></td></tr>
<tr><td colspan="2">护栏最大横向动态变形值(D)</td><td colspan="2"></td><td colspan="2"></td><td colspan="2"></td></tr>
<tr><td colspan="2">护栏最大横向动态位移外延值(W)</td><td colspan="2"></td><td colspan="2"></td><td colspan="2"></td></tr>
<tr><td colspan="2">车辆最大动态外倾值(VI)</td><td colspan="2"></td><td colspan="2"></td><td colspan="2"></td></tr>
<tr><td colspan="2">车辆最大动态外倾当量值(VI_n)</td><td colspan="2"></td><td colspan="2"></td><td colspan="2"></td></tr>
<tr><td colspan="2">评价结论</td><td colspan="2">(按照本文件表 10 的规定给出评价结论</td><td colspan="2">(按照本文件表 10 的规定给出评价结论)</td><td colspan="2">……</td></tr>
<tr><td colspan="2">评价单位名称</td><td colspan="6">(盖章)
年　月　日</td></tr>
<tr><td>编制</td><td>(签字)</td><td>审核</td><td>(签字)</td><td colspan="2">批准</td><td colspan="2">(签字)</td></tr>
</table>

表 G.3　护栏车辆乘员适应性能仿真评价简表(二)

(本表适用于护栏端头)

<table>
<tr><td colspan="2">评价样品名称</td><td colspan="5"></td><td colspan="3">委托单位</td><td colspan="2"></td></tr>
<tr><td colspan="2">评价样品设计图纸</td><td colspan="10">见附件</td></tr>
<tr><td colspan="2">评价依据</td><td colspan="5">《公路护栏安全性能仿真评价技术规程》(T/GDHS 001—2020)</td><td colspan="3">评价方法</td><td colspan="2">仿真技术方法</td></tr>
<tr><td colspan="2" rowspan="3">碰撞条件</td><td colspan="3">碰撞车型</td><td colspan="2">车辆总质量/t</td><td colspan="3">碰撞速度/(km/h)</td><td colspan="2">碰撞角度/°</td></tr>
<tr><td colspan="3"></td><td colspan="2"></td><td colspan="3"></td><td colspan="2"></td></tr>
<tr><td colspan="3"></td><td colspan="2"></td><td colspan="3"></td><td colspan="2"></td></tr>
<tr><td colspan="2" rowspan="2">评价项目</td><td colspan="2">正碰</td><td colspan="2">斜碰</td><td colspan="2">偏碰</td><td colspan="2">正向侧碰</td><td colspan="2">反向侧碰(可选)</td></tr>
<tr><td>评价结果</td><td>是否合格</td><td>评价结果</td><td>是否合格</td><td>评价结果</td><td>是否合格</td><td>评价结果</td><td>是否合格</td><td>评价结果</td><td>是否合格</td></tr>
<tr><td rowspan="3">阻挡功能</td><td>车辆是否穿越、翻越和骑跨评价样品</td><td>—</td><td>—</td><td>—</td><td>—</td><td>—</td><td>—</td><td></td><td></td><td>—</td><td>—</td></tr>
<tr><td>评价样品构件及其脱离碎片是否侵入车辆乘员舱</td><td></td><td></td><td></td><td></td><td></td><td></td><td></td><td></td><td></td><td></td></tr>
<tr><td>大于 2kg 的评价样品脱离构件散落位置是否满足要求</td><td></td><td></td><td></td><td></td><td></td><td></td><td></td><td></td><td></td><td></td></tr>
<tr><td rowspan="2">导向功能</td><td>车辆碰撞后是否翻车</td><td></td><td></td><td></td><td></td><td></td><td></td><td></td><td></td><td></td><td></td></tr>
<tr><td>车辆碰撞后的轮迹是否满足导向驶出框要求</td><td></td><td></td><td></td><td></td><td></td><td></td><td></td><td></td><td></td><td></td></tr>
<tr><td rowspan="3">缓冲功能</td><td>假人头部性能指标(HPC)</td><td></td><td></td><td></td><td></td><td></td><td></td><td></td><td></td><td></td><td></td></tr>
<tr><td>假人胸部压缩指标(ThCC)</td><td></td><td></td><td></td><td></td><td></td><td></td><td></td><td></td><td></td><td></td></tr>
<tr><td>假人大腿压缩力指标(FFC)</td><td></td><td></td><td></td><td></td><td></td><td></td><td></td><td></td><td></td><td></td></tr>
<tr><td colspan="2">评价结论</td><td colspan="10">(按照本文件表 10 的规定给出评价结论)</td></tr>
<tr><td colspan="2">评价单位</td><td colspan="10">(盖章)
年　月　日</td></tr>
<tr><td>编制</td><td colspan="2">(签字)</td><td>审核</td><td colspan="3">(签字)</td><td colspan="2">批准</td><td colspan="3">(签字)</td></tr>
</table>

表 G.4　护栏车辆乘员适应性能仿真评价简表(三)
(本表适用于防撞垫)

<table>
<tr><td colspan="2">评价样品名称</td><td colspan="5"></td><td colspan="2">委托单位</td><td colspan="3"></td></tr>
<tr><td colspan="2">评价样品设计图纸</td><td colspan="10">见附件</td></tr>
<tr><td colspan="2">评价依据</td><td colspan="5">《公路护栏安全性能仿真评价技术规程》(T/GDHS 001—2020)</td><td colspan="2">评价方法</td><td colspan="3">仿真技术方法</td></tr>
<tr><td colspan="2" rowspan="3">碰撞条件</td><td colspan="2">碰撞车型</td><td colspan="3">车辆总质量/t</td><td colspan="2">碰撞速度/(km/h)</td><td colspan="3">碰撞角度/°</td></tr>
<tr><td colspan="2"></td><td colspan="3"></td><td colspan="2"></td><td colspan="3"></td></tr>
<tr><td colspan="2"></td><td colspan="3"></td><td colspan="2"></td><td colspan="3"></td></tr>
<tr><td colspan="2" rowspan="2">评价项目</td><td colspan="2">正碰</td><td colspan="2">斜碰</td><td colspan="2">偏碰</td><td colspan="2">正向侧碰</td><td colspan="2">反向侧碰(可选)</td></tr>
<tr><td>评价结果</td><td>是否合格</td><td>评价结果</td><td>是否合格</td><td>评价结果</td><td>是否合格</td><td>评价结果</td><td>是否合格</td><td>评价结果</td><td>是否合格</td></tr>
<tr><td rowspan="2">阻挡功能</td><td>评价样品构件及其脱离碎片是否侵入车辆乘员舱</td><td></td><td></td><td></td><td></td><td></td><td></td><td></td><td></td><td></td><td></td></tr>
<tr><td>大于 2kg 的评价样品脱离构件散落位置是否满足要求</td><td></td><td></td><td></td><td></td><td></td><td></td><td></td><td></td><td></td><td></td></tr>
<tr><td rowspan="2">导向功能</td><td>车辆碰撞后是否翻车</td><td></td><td></td><td></td><td></td><td></td><td></td><td></td><td></td><td></td><td></td></tr>
<tr><td>车辆碰撞后的轮迹是否满足导向驶出框要求</td><td></td><td></td><td></td><td></td><td></td><td></td><td></td><td></td><td></td><td></td></tr>
<tr><td rowspan="3">缓冲功能</td><td>假人头部性能指标(HPC)</td><td></td><td></td><td></td><td></td><td></td><td></td><td></td><td></td><td></td><td></td></tr>
<tr><td>假人胸部压缩指标(ThCC)</td><td></td><td></td><td></td><td></td><td></td><td></td><td></td><td></td><td></td><td></td></tr>
<tr><td>假人大腿压缩力指标(FFC)</td><td></td><td></td><td></td><td></td><td></td><td></td><td></td><td></td><td></td><td></td></tr>
<tr><td colspan="2">评价结论</td><td colspan="10">(按照本文件表 10 的规定给出评价结论)</td></tr>
<tr><td colspan="2">评价单位</td><td colspan="10">(盖章)
年　月　日</td></tr>
<tr><td>编制</td><td colspan="3">(签字)</td><td>审核</td><td colspan="3">(签字)</td><td colspan="2">批准</td><td colspan="2">(签字)</td></tr>
</table>

参考文献

[1] CEN/TR 16303-1：2012　Road restraint systems—Guidelines for computational mechanics of crash testing against vehicle restraint system　Part 1：Common reference information and reporting

[2] CEN/TR 16303-2：2012　Road restraint systems—Guidelines for computational mechanics of crash testing against vehicle restraint system　Part 2：Vehicle modelling and verification

[3] CEN/TR 16303-3：2012　Road restraint systems—Guidelines for computational mechanics of crash testing against vehicle restraint system　Part 3：Test item modelling and verification

[4] CEN/TR 16303-4：2012　Road restraint systems—Guidelines for computational mechanics of crash testing against vehicle restraint system　Part 4：Validation procedures

[5] GB 11551—2003　乘用车正面碰撞的乘员保护

[6] GB 11551—2014　汽车正面碰撞的乘员保护

[7] JTG 3362—2018　公路钢筋混凝土及预应力混凝土桥涵设计规范

[8] JTG D81—2017　公路交通安全设施设计规范

[9] JTG/T D81—2017　公路交通安全设施设计细则

[10] T/CECS 10088—2020　波形梁合金钢护栏